액션러닝으로 배우는

성공적인 조직생활 전략

액션러닝으로 배우는

성공적인 조직생활 전략

고 수 일 지음

소리내

프롤로그

프랑스 유학시절, 학기 초 가장 비중이 컸던 과목의 교수가 말했다. 시험 볼 때 외국학생들은 문법 틀린 문장 나오면 그 다음은 읽지 않고 그대로 0점 처리하겠다는 것이다. 사실, 외국인은 35명 가운데 나를 포함 2명이었다. 문제는 한 문제. 답안은 B4 답안지에 6쪽 이상 서술해야 하며, 상대평가에 의해 단 30% 학생만 통과. 당시 나의 짧은 프랑스어 실력을 고려할 때 그건 미션 임파서블(mission impossible)이었다.

포기하고 싶었지만, 이때 떠오른 것은 유학선배의 "한국인의 의지로 불가능한 것은 없다"는 말. 너무나 평범한 말이었지만 난 그 말을 굳게 믿었고 실행에 옮겼다. 강의실에서 난 항상 교수 바로 앞에 앉아 강의를 녹음했다. 남들 눈치 볼 상황이 아니었다. 모든 유혹 다 물리치고 정말 한국인의 불굴의 의지로 공부하던 중 시험 일주일 전 놀라운 일이 일어났다. 그 교수가 꿈에 나타나 문제를 알려준 것이다. 난 그 문제를 중점적으로 준비했고 그건 현실로 나타났다. 와우~~! 그 이후 난 굳게 믿게 되었다. 간절히 원하고 최선을 다하면 하늘도 돕는다는 사실! ^^

유학을 결심하기 전, 한 선배가 자기도 유학을 가고 싶은데 공부하면 될 수 있을지를 어느 교수에게 물어보겠다고 했다. 그래서 그 교수가 "넌 안 돼"라고 하면 포기할 것이냐고 물었더니 그러겠다고 한다. 난 이해가 되지 않았다. 그건 그 교수에게 물어볼 것이 아니고 자신에게 물어봐야하지 않을까? 한국인의 의지로 공부할 것인지 아닌지.

두 종류의 사람이 있다. 운명이 다른 사람의 손에 달려있다고 믿는 사람과 자신의 손에 달려있다고 믿는 사람이다. 운명의 노예로 사는 사람이 있고 운명의 주인으로 사는 사람이 있다. 무엇이 이런 차이를 가져올까? 생각의 차이 아닐까?

이 책은 성공적인 조직생활을 원하는 사람들을 위한 것이다. 운명의 주인으로서, 나의 조직생활을 성공적으로 이끌기 위해 스스로 관리하고 개발해야 하는 것들과 이해해야 할 핵심 내용들은 무엇일까?

제1장은 조직이 요구하는 인재상이다. 성공적인 사회생활을 위해서는 먼저 사회가 어떤 사람을 요구하는지, 어떤 역량을 갖추기 위해 노력해야 하는지 알 필요가 있을 것이다.

제2장의 '인간을 어떻게 볼 것인가?'에서는 인간이 가진 특성이 어떻게 형성되고 개발될 수 있는지 살펴볼 것이다. 인간은 타고나기만 한 것이 아니라 스스로 만들어가는 존재라는 사실은 운명의 주인이 되려는 사람에게 매우 희망적이다.

제3장에서는 자신이 어떤 사람인지 자기개념을 통해 성찰해보고 긍정적인 자기개념을 발달시키기 위한 방법에 대해 살펴볼 것이다.

제4장부터 제7장까지는 자기관리에 관한 내용이다. 자신을 새롭게 변화시키기 위해서는 스스로 자신을 관리하려는 주체성이 필요하다. 특히, 목표와 시간, 정서, 스트레스 등 성공적인 사회생활을 위해 필요한 요인들에 대해 지혜롭게 관리해나갈 수 있는 방법에 대해 알아볼 것이다.

제8장부터 제10장까지는 대인관리다. 다른 사람과의 의사소통 방법과 다른 사람에게 매력적인 사람이 되기 위한 기술, 대인갈등 해결 방법 등은 조직생활을 하는 데 매우 중요하다.

제11장부터 14장까지는 조직을 이해하기 위한 내용들이다. 조직을 움직이는 대표적인 관점(프레임)인 구조, 인간, 정치, 상징 등 네 가지를 살펴본다. 이는 조직의 리더 또는 구성원으로서 조직을 성공적으로 이끄는 데 필요한 핵심 역량이라고 할 수 있다.

내가 좋아하는 영화의 한 장면을 소개한다.

> 어떤 사람이 인내를 달라고 기도를 하면 신은 인내를 줄까요?
> 인내를 발휘할 기회를 줄까요?
> 용기를 달라고 기도를 하면 신은 용기를 줄까요?

용기를 발휘할 기회를 줄까요?
만일 누군가 가족이 좀 더 가까워지게 해 달라고 기도하면
신이 뿅~ 하고 묘한 감정을 느끼도록 해줄까요?
아니면 서로 사랑할 수 있는 기회를 마련해 주실까요?

영화 「에반 올마이티(Evan Almighty)」에 나오는 대사다. 신은 어떤 방식으로 일하는가에 대한 답이다. 우리에게 필요한 것을 그 누구도 줄 수 없을 것이다. 다만, 그것을 얻는 기회를 가질 수 있는데, 그 기회는 바로 스스로 경험 또는 시도해보는 데에서 생긴다. 나쁜 추억은 있어도 나쁜 경험은 없다고 한다. 가만히 있으면 아무것도 이루어지지 않고 배울 수도 없으며 기회도 없다.

그래서 실행에 옮겨보는 것이 중요하다. 그리고 성찰을 하는 것이다. 그 경험에서 무엇을 느끼고 배웠는지, 그리고 앞으로 무엇을 해야 할 것인지를 깊이 생각해보는 것이다. 즉, 이 책을 읽으면서 그 내용을 '실행에 옮기고 그 실행의 결과에 대한 성찰!'이다.

이 책이 단지 지식을 습득하는 데에 그치지 않고 실행을 통해 학습하는 액션러닝(action learning)으로 우리에게 필요한 것을 얻는 소중한 기회가 되길 바란다.

2015년 2월

고 수 일

차례

제7장 자기관리 – 스트레스

제8장 대인관리 – 의사소통

제9장 대인관리 – 대인매력

제1장

조직이 요구하는 인재상

제1장

조직이 요구하는 인재상

기업이 원하는 인재는?

대학이 요구하는 인재란 어떤 사람일까? 이런 질문에 대한 답을 찾기 위해 각 대학의 인재상을 찾아볼 필요는 없다. 그들이 원하는 인재는 수능점수가 높거나 내신 성적이 좋은 학생이다. 그것이 수많은 학생들을 공정하게 판단하고 선발할 수 있는 가장 객관적인 근거가 된다. 그리고 그렇게 선발된 학생은 대학에서도 대체로 우수성을 보여준다.

그렇다면 사회는 어떤가? 특히 국내 기업들이 원하는 인재는 어떤 사람일까? 그들이 원하는 인재는 조직의 지속적 성장에 공헌을 할 수 있는 사람이다. 그 지속적 성장에 가장 중요하다고 판단되는 요건이 바로 그들이 원하는 인재상이다.

최근 대한상공회의소는 국내 매출액 상위 100대 기업의 홈페이지에 기재돼 있는 인재상 정보를 분석하였다. 이 분석결과를 보면 기업이 인재의 요건으로서 어떤 역량을 중요하게 생각하는지 알 수 있다. 이 보고서에 따르면, 기업이 뽑은 여러 가지 인재상 중에서도 가장 중시하는 부분은 '도전정신'인 것으로 나타났다. 100대 기업들 중 '도전정신'을 뽑은 기업이 88개사로 가장 많았고, 이어 '주인의식' 78개사, '전문성' 77개사, '창의성' 73개사, '도덕성' 65개사 순으로 나타났다. 물론 다른 역량들도 중요하겠지만, 이들 역량들을 보다 중요하게 생각한다는 것이다.

〈그림 1-1〉 국내 100대 기업의 인재상

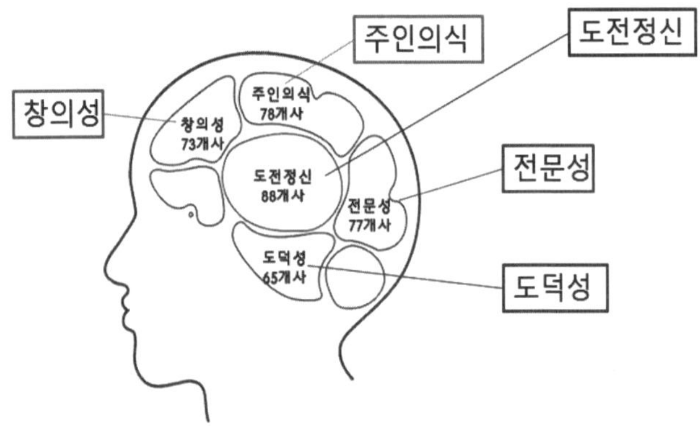

(출처 : 대한상공회의소, 2013. 04)

기업이 원하는 인재상은 기업이 속한 업종에 따라 차이를 보인다. 제조업과 운수업은 '도전정신'을 첫 손에 꼽은 반면, 금융보험업은 '전문성'을, 도소매업은 '주인의식'을 핵심역량으로 가장 많이 꼽았다. 건설업은 '도전정신', '도덕성', '주인의식' 세 가지 항목 모두를 중시하고 있었다.

〈표 1-1〉 2013년 업종별 인재상 핵심 덕목(단위: %)

제조업		금융보험업		도・소매업	
도전정신	92.3	전문성	90.5	주인의식	90.9
창의성	76.9	도전정신	85.7	도전정신	81.8
주인의식	74.4	주인의식	76.2	도덕성	72.7
건설업		**운수업**		**기타 서비스업**	
도전정신	85.7	도전정신	100	도전정신	81.3
주인의식	85.7	주인의식	83.3	전문성	81.3
도덕성	85.7	전문성	83.3	열정	81.3

전문성은 어떤 직종이든 직무수행에 필요한 기초 역량이라고 할 수 있으니 다른 역량들의 의미를 하나씩 살펴보자.

먼저 도전정신을 보자. 아주 드문 경우를 제외하면, 최근 환경 변화의 속도 및 치열한 경쟁과 무관한 기업이나 조직은 없을 것이다. 새로운 영역에 도전해서 선점하는 자가 시장을 지배하는 세상이다. 이러한 세상에서 주어진 일을 묵묵히 성실하게만 해서는 조직에 큰 도움이 되기 어렵다. 조직이 지속적인 성장을 하기 위해서는 구성원들의 도전적이고 적극적인 태도가 필요하다.

그렇다면 이러한 역량을 어떻게 키워야할까? 평소에 새로운 것을 시도해보거나 도전해보는 경험이 필요하다. 도전정신은 책상에서 공부해서 개발되는 것이 아니기 때문이다. 몇 년 전 명문대 경영학과를 우수한 성적으로 졸업한 한 학생이 어느 대기업에 지원하였다. 졸업학점 평균이 4.5점 만점에 4.2점이고 토익점수가 900점대인 우수한 학생이었다. 많은 사람들이 이 정도라면 충분히 합격할 수 있다고 생각했다. 그러나 결론은 1차 면접 탈락이었다. 왜 그랬을까? 그 학생은 대학생활 4년 동안 주로 학교와 도서관 그리고 집을 왔다 갔다 했으며 주도적으로 무엇인가를 해보거나 도전해본적이 없다는 이유에서다. 이런 사람은 입사 후 맡은 일은 성실하게 하겠지만 회사가 요구하는 도전정신을 발휘할 것이라고 보지 않은 것이다.

둘째, 주인의식이란 것이 구체적으로 어떤 행동을 말할까? 주인의식이 없는 사람은 상사가 시키는 것만 생각하고 시키는 일만 한다. 그리고 시킨 일을 다 하면 자기가 맡은 일을 다 했다고 말한다. 이걸 흔히 월급쟁이 마인드라고 한다. 그러나 주인의식이 있는 사람은 상사가 시키지 않은 다른 부분들도 생각한다. 그리고 더 좋은 아이디어나 다른 방법을 고민하면서 일을 처리한다. 그는 일의 전체를 자신의 일이라 생각한다. 일 전체가 완료될 때까지는 자신의 일이 끝난 것이 아니라고 생각한다.

예전에 인사담당자들이 모인 자리에서 이런 질문을 해봤다. "이 같은 주인의식을 가진 직원이 회사에 몇 % 정도가 될까요?". 대부분 한 목소리로 답한 비율은 10%였다. 사장님에게는 화가 날 일이겠지만 직장인들에게는 좋은 소식이 아닐까? 주인의식을 가지고 일한다면 회사에서 10% 안에 들어가니 말이다.

셋째, 창의성은 21세기 들어 가장 강조되고 있는 핵심 역량이다. IBM이 2010년 60여 개 국의 리더들을 대상으로 실시한 조사에서도 리더에게 요구되는 역량 가운데 가장 많이 지적된 것이 창의성이었다. 기존의 가정을 깨고 조직의 현 상태에서 벗어나 새롭게 변화해야 할 필요성이 높아졌기 때문이다. 산업을 불문하고 기업들은 물론 공공기관들과 여타 다른 조직들도 창의적인 인재를 선발하거나 직원들의 창의성을 높이기 위해 많은 노력을 기울이고 있다.

학자들에 의하면, 창의적 역량은 선천적으로 타고나기도 하지만, 호기심과 내적 동기가 창의성을 유발한다고 한다. 즉, 창의성은 천재들만이 발휘하는 것이 아니다. 따라서 창의성을 개발하기 위해서는 지식의 단순 암기에 초점을 맞추기보다는 늘 의문을 던져보고 거꾸로 생각해보는 등 고정관념에서 벗어나 발상의 전환을 즐겨야 한다. 일을 처리할 때 이러한 창의적 발상 노력을 하느냐의 여부는 앞에서 언급한 도전정신과 주인의식에 달려있다고 할 수 있을 것이다. 창의성을 가지고 있어도 그것을 실행에 옮기려는 의지가 없다면 창의성이 발휘되지 않기 때문이다.

마지막으로 도덕성에 대해 생각해보자. 우리 사회는 도덕성에 대해 다른 역량에 비해 큰 비중을 두지 않은 것이 사실이다. 그러나 서구사회에서는 창의성이 강조되기 이전에 최고의 리더 덕목은 도덕성에 해당되는 정직이었다. 도덕성은 공직자에게만 요구되는 것이 아니다. 도덕성은 건전한 조직의 발전을 위해 구성원들이 가져야할 기본이라고 할 수 있다. 아무리 능력이 뛰어나도 도덕성이 결핍된 사람을 믿을 수 없을 것이다. 도덕성은 단순히 '착하다'는 의미가 아니다. 도덕성은 자제력이나 공정성, 책임감 등이 포함된 인성이라는 측면에서 업무수행에도 중요한 영향을 미치는 역량이다.

지금까지 기업들이 생각하는 중요한 역량들을 살펴보면, 구직자나 재직자 입장에서 긍정적인 사실이 하나 있다. 이들 인재요건들이 전문성을 제외하면 모두 자신의 마음가짐에 달려있다는 것이다. 오랜 기간 동안의 훈련이나 교육도 필요 없다. 내가 조직에서 원하는 소중한 인재가 되는 비결은 당장 마음먹기와 어떻게 행동하느냐에 달려있는 것이다.

그런데 2010년 7월 20일 경총이 100인 이상을 고용한 전국 382개 기업을 상대로 설문 조사한 결과를 보자. 이 조사결과에 의하면, 기업들은 대졸 신입사원들이 업무능력에 비해 임금을 평균 13.2% 더 받는다고 생각한다고 한다. 즉, "대졸 신입사원 '밥값' 제대로 못한다."는 말이다. 대졸 신입사원의 업무에 대한 만족도는 '70~79점'이 42.5%로 가장 많았고 '80~89점' 41.9%, '60~69점' 8.9%, '90~100점'은 5.0%로 집계됐다. 대학 학점으로 따지면, C 학점이 무려 40%가 넘는 것이다.

대졸 신입사원의 업무 처리가 불만스러운 이유로는 '근무태도와 일에 대한 열정이 부족하다'(39.0%), '학교교육이 기업의 요구를 충족하지 못한다'(33.3%), '원하는 인재를 선발하지 못했다'(21.3%)는 대답이 많았다(연합뉴스, 2010. 7. 20). 역시 주인의식이 가장 큰 문제로 보인다.

한국직업능력개발원이 국내 532개 기업 인사담당자들에게 이들 기업에 채용된 대졸 신입사원들의 업무능력을 물어본 결과, 69.3%가 '기업 요구수준에 부합하지 않다'고 답했다고 밝혔다. 계열별로 보면 인문사회계열 졸업생의 경우 76.3%, 이공계열 졸업생의 경우 63.2%가 각각 회사 업무능력에 미치지 못했다. 기업 요구수준과 대졸 신입사원의 실제 업무능력이 '매우 비슷하다'는 응답은 인문사회계열 졸업자의 경우 1.8%에 불과했고 이공계열도 3.3%에 그쳤다.

기업들은 대졸 신입사원에게 요구하는 주요능력으로 문제해결, 대인관계, 의사소통 등을 꼽았다. 반면 구직자들이 시간과 돈을 들여 자격증을 취득하고 복수전공까지 마치면서 쌓은 이른바 '스펙'에 대해선 중요도를 매우 낮게 평가했다. 조사결과 자격증 등을 갖춘

남학생의 취업률은 86.6%로 미 취득자(90.1%)에 비해 오히려 3.5% 포인트 낮았고 복수전공자 역시 취득 여부가 취업률에 영향을 거의 미치지 못하는 것으로 나타났다(출처 : 한국경제신문, 2009. 09. 11).

이들 조사를 종합해보면, 구직자 및 입사자들의 역량이 사회에서 요구하는 역량과 거리가 있다는 것을 알 수 있다.

기초직업역량

각국의 고등교육을 평가하는 지표로 공인받고 있는 스위스 국제경영개발대학원(IMD) 조사(2006년)는 신입사원들에 대한 기업의 평가를 뒷받침해주고 있다. 한국 대학들의 '경제사회요구 부합도'는 조사대상 61개국 중 50위로 최하위권에 머물렀다. 2009년 IMD 57개국 대상 조사에서도 한국은 57개국 가운데 51위였다. 이는 한국의 교육기관들이 사회와 시장이 요구하는 인재를 양성하는데 실패했다는 것을 보여준다.

〈그림 1-2〉 대학 졸업생의 낮은 산업현장 적응능력

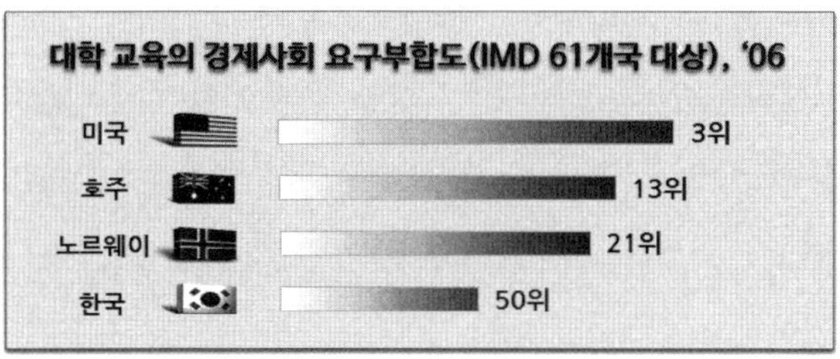

무엇이 문제였을까? 직업능력개발원에서 제시한 직업기초역량을 보자(직업능력개발원, 2009). 직업기초역량(core competency)이란 직업능력의 구성요소로서 직종이나 직위에 상관없이 대부분의 직종에서 직무를 성공적으로 수행하는 데 공통적으로 요구되는 지식, 기술, 태도 등이다. 구체적으로 제시된 직업기초역량으로는 논리적 사고력, 대인관계능력, 의사소통능력, 자기관리능력, 자원정보기술 활용능력, 글로벌 역량이다.

〈그림 1-3〉 직업기초역량

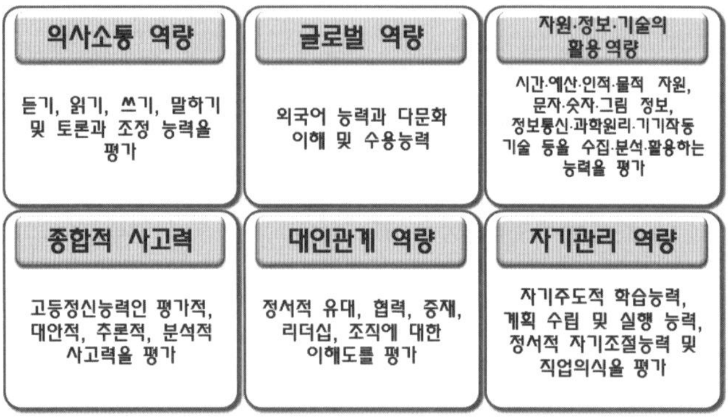

이와 같은 직업기초역량의 내용을 보면, 학교 교육의 중점 내용과 다소 거리가 있어 보인다. 학교와 대학에서 학습자들이 위와 같은 역량을 개발할 수 있는 기회를 충분히 제공해주고 있다고 말하기 어렵다. 신입사원들이 기업에서 요구하는 역량을 제대로 발휘하지 못하고 있는 이유도 여기에 있다.

지금까지의 내용을 종합해보면, 사회에서 요구하는 인재가 되기 위해 무엇을 준비하고 개발해야 하는지, 그리고 무엇이 필요한지 알 수 있다. 가장 중요한 것은 이론이 아니라 바로 경험이다. 머리로 배우는 것이 아니라 실행을 통한 학습이다.

지금까지 우리의 학습은 주로 교실과 책상에서 이루어졌다. 그 결과 많은 지식이 머릿속에 있지만 세상에서 필요한 것은 현실에서 무엇을 해낼 수 있는 역량이다. 이를 위해서는 배운 내용을 머리속에만 담아둘 것이 아니라, 실행을 하고 성찰하면서 그 과정에서 학습이 이루어지는 것이 필요하다. 의사소통 역량이라는 것은 의사소통에 대한 지식을 공부해서 습득하는 것이 아닐 것이다. 다른 사람을 대상으로 의사소통 기술을 적용해본 후, 그 경험에서 무엇을 배우고 느꼈는지 성찰하면서 계속 실행에 옮길 때 실질적인 학습과 역량이 향상될 것이다. 예컨대, 중요하게 생각하는 도전정신도 책을 읽어서 습득되는 역량이 아니다. 뭔가 새롭고 도전적인 목표를 시도하면서 개발되는 역량이다. 사회에서 요구하는 역량들이란 바로 이런 과정을 통해 습득된 역량이다.

핵심 point!

조직이 요구하는 인재가 되기 위한 방법은 자신이 어떤 생각과 마음을 가지고, 어떤 태도를 보이며 어떤 행동을 하느냐의 문제다.

organization

실습

면접질문 만들기

자신이 기업의 면접관으로 신입사원의 면접을 진행하고 있다고 가정했을 때, 어떤 신입사원을 뽑을 것인지, 면접질문 3개를 만들어 보시오. 그리고 각 질문과 관련된 역량에 대해서 자신의 수준을 성찰해보자.

질문 내용	관련 역량	나의 수준	개선 계획
1.			
2.			
3.			

국내 100대 기업 신입사원 면접 시 필수 체크 사항(질문 예시)

1. 자기소개
   ① 3분 동안 자기 PR을 해 보십시오.
   ② 지금까지 좌절감을 맛본 적이 있습니까?
2. 업무수행능력
   ① 해당 업무를 수행하는데 있어서 가장 중요한 능력은 무엇입니까?
   ② 희망 업무는 무엇이며 그 업무를 수행할 수 있는 본인의 능력은?
3. 가치관과 직업의식
   ① 자신이 가장 중요하게 생각하며, 꼭 지키고자 하는 가치관은 무엇입니까?
   ② 당신에게 직업은 어떤 의미를 갖습니까?
4. 문제해결 능력
   ① 업무수행 중 문제가 발생했을 경우, 어떻게 대처하겠습니까?
   ② 직장 상사 또는 직장 동료와 의견이 다르거나 갈등이 생겼을 때 대처법은?
5. 인생관
   ① 당신의 생활신조는 무엇입니까?
   ② 돈, 명예, 일 중에 어떤 것을 택하겠습니까?
6. 대학생활, 친구관계
   ① 대학생활에서 얻은 것이 있다면 무엇입니까?
   ② 친구는 당신에게 어떠한 존재입니까?
7. 이색 질문
   ① 왜 지원자들은 검은색 정장만 입습니까?(삼성생명)
   ② 회식 아이디어가 있으면 제시해보시오.(현대상선)
   ③ 혼자 무인도에 간다면 가지고 갈 물건 세 가지는?(SK텔레콤)
8. 여성 지원자용 질문
   ① 남녀고용 평등법을 어떻게 생각합니까?
   ② 결혼하면 직장은 어떻게 할 겁니까?
9. 기타 질문
   지원동기, 취미, 최근 시사문제, 지원한 회사에 대한 정보 등

제2장

인간을 어떻게 볼 것인가?

제2장

인간을 어떻게 볼 것인가?

인간은 타고 난다

인간의 특성은 유전인자에 의해 어느 정도 결정되는 것일까? 못난 사람들이 흔히 하는 불평은 부모 탓이다. 머리가 나쁜 것은 물론, 심지어 자신이 부지런하지 않은 성격도 부모 탓을 한다. "이렇게 타고났으니 이 모양"이라는 것이다.

사실, 19세기 이전까지만 해도 "인간은 타고 난다"는 생각이 지배적이었다. 프랑스의 철학자 루소도 사람은 천성적 특징들에 의해 가장 많은 영향을 받는다고 생각했다. 그렇다면 빌 게이츠는 타고난 컴퓨터 천재인가? 스티브 잡스의 창의적 발상은 부모로부터 받은 재능인가? 빛나는 성공을 거둔 사람들에게는 정말 평범한 사람이 감히 근접할 수 없는 재능과 지능, 아니면 그 무언가가 있는 것인가?

인간은 타고 난다는 생각을 뒷받침해주는 연구들을 살펴보자. 일단 천재와 사회부적응자의 후손들을 확인해본다. 천재 대표로는 음악의 아버지라 불리는 바흐(Bach). 바흐의 8대 후손을 살펴보니 그 중 무려 136명이 음악가였다고 한다. 물론 바흐 후손들이 집안의 음악적 분위기와 어린 시절부터의 교육 속에서 음악가로 성장한 점도 사실이지만, 역시 핏줄은 속일 수 없다는 생각이 든다.

그렇다면 사회부적응자의 경우는 어떠할까? 뉴욕의 술주정뱅이 맥스 쥬크(Max Jukes)의 후손이 그 분석 대상이다. 분석 결과, 그의 자손 2,094명 가운데, 140명이 범죄자(7명 살인자 포함), 300명이 창녀, 310명이 거지, 600명이 천치 등 총 1,350명(64.5%)이 사회적으로 문제가 있는 사람들이었다. 역시, 부전자전, '그 애비에 그 자식들'이었던 것이다.

유전이 성격형성의 중요한 영향요인이라고 보는 시각은 쌍생아 연구에 잘 나타나고 있다. 쌍생아 연구에 의하면 인간의 지능발달에 있어서 유전적 요인이 많은 영향을 미치는 것으로 나타났다. 또한, 생후 떨어져 다른 사회 환경에서 양육된 쌍생아들의 경우, 서로 다른 유년기를 거쳤지만 목소리 톤, 기질, 습관 등에서 이들에게 상당한 유사성이 보고되었다.

예컨대, 짐(Jim) 쌍둥이 이야기를 보자. 짐 쌍둥이는 생후 4주 만에 각각 입양돼 그 동안 생사를 모르다가 39세에 상봉했다. 그런데 얼굴과 체중 · 신장은 물론, 성격 · 취향과 피우는 담배, 마시는

맥주의 종류까지 같았다고 한다. 둘 다 야구를 싫어했고, 똑같은 회사의 차를 운전하고 플로리다의 작은 해변에서 휴가를 보냈으며, 둘 다 린다(Linda)라는 이름의 여자와 결혼한 후 이혼했고 베티(Betty)라는 이름의 여자와 결혼했다. 다소 극단적인 사례이긴 하지만, 각자 자란 환경이 달라도 타고난 성향이 많은 부분을 결정할 수 있다는 것을 보여준다.

〈표 2-1〉은 유전에 의해 가장 많이 영향을 받는 몇 가지 특징을 제시하고 있다. 신장이나 체중과 같은 신체적 특징을 비롯하여 기억이나 지능 등의 지적 특징, 외향성과 같은 정서적인 특징들은 유전에 의해 많은 영향을 받는다고 한다. 물론 이들 특징이 전적으로 유전에 의해 결정되지는 않는다는 점도 염두에 두어야 한다.

〈표 2-1〉 유전에 의해 영향을 받는 특징들

신체특징들	지적 특징들	정서적 특징들과 장애들
신장 체중 음성 혈압 운동능력 사망연령	기억 지능 언어습득 연령 읽기 장애 정신 지체	수줍음 외향성 정서성 신경증 정신분열증 불안 알코올 중독

(출처 : Plomin, R. (1989). Developmental behavioral genetics: Stability and instability. In M. H. Bornstein &N. A. Krasnegor (Eds.), Stability and continuity in mental development (pp.273-291). Hillsdale, NJ: Lawrence Erlbaum Associates)

만일 우리가 이러한 정신능력들을 주로 유전에 의해 가지게 되고, 성공이 이들 능력들에 의해 이루어진다면, 사람들의 사회경제적 지위는 바로 그들의 선천적 차이들을 반영하는 셈이다.

최근 잭 햄브릭(J. Hambrick) 교수는 각 분야에서 선천적인 요인이 어느 정도 영향을 미치는지 연구하였다. 그는 노력과 선천적 재능의 관계를 조사한 88개 논문을 분석한 후, 음악이나 스포츠, 게임 분야에서 노력이 차지하는 비율은 20~25%였으며 교육은 4%에 불과하다고 주장하였다. 실망스러운 결과이다! 노력의 비중이 겨우 그 정도밖에 안 된다는 것인가? 타고난 재능이 없으면 노력해도 별 수 없다는 말인가?

인간은 만들어진다

1799년 프랑스 아비뇽 계곡에서 늑대 무리 속에서 자란 12살 정도의 야생 소년이 발견되었다. 그에겐 늑대의 본능이 있었고, 인간의 기본적인 학습능력은 없었다. 커다란 관심 속에 6년간의 교육을 했지만 학습이 이루어지지 않아 끝내 언어구사를 못하였다. 이 현상을 어떻게 해석할 것인가? 인간은 타고난 것이 아니라는 말인가? 인간의 특성은 유전적, 생물학적 요인에 의해 자동적으로 습득되는 것이 아니라는 것이다.

인간은 개인을 둘러싼 환경적 조건에 적응해가는 동안에 문화나 사회집단, 타인과의 상호작용 등에 의해 영향을 받으며 개인으로서의 특성이 형성되기도 한다.

문화의 영향

문화는 개인이 습득해야 하는 기존의 적응양식을 제공해줄 뿐 아니라 개인에게 일상생활의 구체적인 행동지침을 제공해주고, 개인의 행동을 인도해준다. 인간은 자신이 속한 사회의 문화를 내면화하여 사회의 구성원으로서 사회화되어 간다. 그 과정에서 특정사회에서 바람직한 것으로 인정되는 역할과 태도, 행동양식과 가치들을 학습하게 된다. 그래서 특정사회의 문화를 공유한 사람들은 개인적 차이가 있긴 하지만 공통된 문화의 영향으로 인하여 유사한 성격을 지니게 된다. 예컨대, 동양문화에서는 집단이 개인보다 중요한 가치이기 때문에 서양인에 비해 동양인은 집단주의 성향을 강하게 가지게 되는 것이다.

베네딕트(Benedict)의 연구인 「문화의 유형(Pattern of Culture)」에는 주니(Zuni)와 콰키우틀(wakiutl)의 이야기가 나온다. 이들은 같은 인디언종족이나 다른 지역서 생활하면서 상반된 문화를 가지고 있다. 주니족은 차분한 성격에 평화, 겸손, 예의 등을 강조하고 있지만, 콰키우틀족은 거친 성격을 가지고 있고 경쟁을 강조하면서 호전적이다. 한 문화에서 정상적인 행동이 다른 문화에서는 그렇지 않다. 심리적인 상태조차도 문화적으로 결정된다. 같은 인디언 종족이지만 어떤 사회문화적 배경에서 성장하느냐에 따라 전혀 다른 인간의 특성을 가질 수 있는 것이다.

미국의 경우, 겸손이나 수용적 태도는 바람직한 태도가 아니다. 아이들은 적극적인 자기표현과 주장이 권장된다. 반면, 한국에서는 겸손과 수용적 태도가 강조된다. 수업시간에 적극적으로 자기주장을 하다간 선생님으로부터 야단을 맞을 수도 있다. 내가 아는 한 학생은 어떤 수업시간에 교수와 다른 생각을 말 했다가 건방지다면서 혼쭐이 났다고 한다.

성역할과 고정관념도 문화의 산물이다. 대부분의 사회는 남성에게 '남성적'이고 도구적 특성을, 여성에게 표현적 특성을 갖도록 촉진한다. 부모들은 성에 적합한 활동들을 격려하고 반대 성의 놀이를 단념시킨다. 예컨대, 아들에게는 인형놀이와 같은 여성적 행동을 하는 것을 꾸짖고 자동차와 같은 남성적 품목들을 갖고 노는 것을 장려한다. 여기에는 대중매체의 영향도 크다. 사람은 자라면서 다른 사람들을 관찰하면서 성역할을 학습한다. TV에서 남성은 오토바이를 타거나 물건을 만드는 것처럼 활동적이고 도구적인 활동을 하는 반면, 여성 등장인물은 실내에서 조용히 놀거나 수동적이고 의존적인 인물로 묘사된다.

시몬느 드 보봐르(Simone De Beauvoir)의 『제2의 성』은 여성해방운동의 시발점이 된 책이다. 이 책에서 그녀는 "여자는 여자로 태어나는 것이 아니라 여자로 키워지는 것"리고 주장하였다. 여성이라는 특성은 타고난 것이 아니라 사회문화적으로 형성된 것이라는 뜻이다.

집단의 영향

우리는 흔히 어떤 사람이 특정 집단에 들어간 후 변하는 경우를 본다. 대표적인 것이, "군대 다녀오더니 변했다"는 말이다. 군대라는 집단생활 경험이 개인의 성격을 변화시킨 것이다. 성격을 바꾸기 위해 해병대에 지원하거나 특정 집단에 들어가는 사람도 있다. 소극적인 사람이 어떤 집단에 들어간 이후 적극적인 성격으로 변하는 사례도 종종 본다. 내 친구 가운데 모범생 같은 얌전한 친구가 있다. 대학 들어가더니 조정부 동아리에 들어갔다고 한다. 그 이유를 물으니, 성격을 바꾸고 싶어 남자다운 분위기를 풍기는 조정부를 선택했다고 한다. 그 친구의 기대대로 그는 조정부에 들어간 후 성격이 매우 활발해졌다.

개인은 집단을 떠나서는 살아갈 수 없다. 어느 집단의 구성원이 되어 그 집단의 다른 구성원들과 상호작용하고 집단에 적응하면서 살아간다. 이 과정에서 집단은 개인의 행동이나 성격의 변화에 많은 영향을 미친다. 예컨대, 집단생활을 하는 과정에서 개인은 그 집단이 요구하는 규범에 적응하면서 내면화하기도 하고 자신을 통제하기도 하며 새로운 행동양식이나 가치관들을 학습하기도 한다. 집단의 영향은 특히 군대처럼 집단의 규범이 강한 경우나 개인의 성격이 발달단계에 있는 연령대에 더욱 크게 작용한다.

행동주의의 도전

개에게 종소리를 들려주면 처음에는 아무런 특별한 반응도 보이지 않는다. 하지만 종을 울린 뒤 곧이어 좋아하는 음식을 주는 행동을 시간 간격을 두고 되풀이하면, 나중에 그 개는 단지 종소리만 듣고서도 음식을 먹기 직전에 그러듯이 침을 흘리게 할 수 있는 '학습'이 이루어진다. 파블로프(Pavlov)는 개가 종소리만 듣고서도 침을 흘리는 반사행동을 조건반사라고 불렀다. 파블로프의 이 고전적 실험에서 종소리는 개에게 반응을 불러일으키는 조건적 자극으로 작용했다. 이 유명한 관찰이 발표된 뒤로 사람들은 적절한 자극만 주어진다면 인간도 조건적으로 반응하게 될 것이라고, 즉 길들여질 수 있을 것이라고 우려했다.

실제로 왓슨(Watson, 1925)은 12명의 건강한 영아를 그 아이들의 출생배경에 상관없이 의사, 법률가, 예술가, 거지 등 어떤 사람으로라도 훈련시켜서 만들 수 있다고 주장했다. 얼마나 대담한 말인가? 이 말은 양육이 모든 것이고 천성이나 유전된 재능은 아무 것도 아니라는 것이다. 왓슨은 인간 발달에서 후천적 학습의 중요성을 강조하였으며 행동주의 학파의 아버지이다. 그는 영아를 백지와 같은 존재로 보고 아동들은 타고난 성향이 없다고 주장했다. 아이들이 무엇이 될지는 전적으로 양육환경과 아동의 생활에서 부모나 다른 중요한 사람들이 아동을 다루는 방식에 달려 있다는 것이다.

스키너(Skinner)의 작동적 조건화(operant conditioning)는 그 방법을 보여주었다. 그는 동물과 인간 모두 좋은 결과를 가져오는 행동은 반복되고 좋지 않은 결과를 가져오는 행동은 억제하게 된다고 주장했다. 예컨대, 지렛대를 누르고 맛있는 먹이 알갱이를 받은 쥐는 그것을 다시 시도하는 경향이 있다. 스키너에 의하면, 지렛대 누르기 반응은 조작(operant)이라 부르며, 이 반응을 강하게 해주는 (미래에 일어날 가능성을 더 높여주는) 음식 알갱이를 강화물(reinforcer)이라 부른다. 반응 가능성을 증가시키는 행위는 어느 것이나 강화물로 부른다. 어떤 유쾌한 것이 행위자에게 주어질 때 강화물은 정적(+)이 되며, 어떤 불쾌한 것이 행위자에게서 제거될 때 강화물은 부적(−)인 것이 될 수 있다. 그래서 행동이나 습관들은 긍정적인 결과를 가져오느냐 또는 부정적인 결과를 가져오느냐에 따라서 생기기도 하고 사라질 수도 있는 것이다. 이런 원리를 잘 보여주는 것이 바로 동물들을 대상으로 한 훈련이다. 예컨대, 돌고래가 경례나 박수같이 바람직한 행동을 보일 때마다 먹이를 주면 돌고래는 먹이를 얻기 위해 조련사가 원하는 행동을 계속하게 된다. 먹이라는 외적 결과를 조작하여 돌고래의 특정 행위를 학습시킨 것이다.

스키너는 같은 원리가 사람들에게도 적용될 수 있다고 주장했다. 사람의 행동은 단순한 자극(조건)에 대한 반응(행동)이 아니라 행동의 결과(보상)를 예측한 후에 하는 것이기 때문에 그 결과를 도구로 사용하여 학습을 유발할 수 있다(조건화를 이용한 행동 수정)는 것이다. 예컨대, 만족을 줄만한 보상을 예측한다면 업무지시(자극)에 대해 성실한 수행(반응)을 하게 되는 것이다.

자극 (업무 지시)	➡	**반응** (성실한 수행)	➡	**강화 요인** (보상, 칭찬)	➡	**결과** (만족감)

다음 데비(Debbie)와 리자(Lisa)의 경우를 보자.

데비

부모는 그녀의 모든 요구를 들어줌. 춤과 과외 활동을 가르침.

- 8세 때의 성격 : 외향적, 수다, 자기 특기를 자랑. 친구를 쉽게 사귐.
- 부모의 강화 : 칭찬, 미소, 친절한 말
- 20대에 결혼 : 남편과 시부모는 엄격한 청교도 집안. Debbie의 행동을 좀처럼 칭찬 안함.

→ 그 후 그녀의 성격은 침착하고 소극적이고 내향적 성격으로 변화

부모는 그녀를 매우 엄격하게 키움. 얌전한, 자제력, 겸손, 예절을 강조

- 8세 때의 성격 : 얌전, 침착, 내향적
- 20대에 결혼 : 남편과 시부모는 매우 허용적인 사람들. 리사의 조그만 행동에도 칭찬과 무조건적인 인정

→ 그 후 리사의 성격은 활발하고 수다스럽고 덜렁거리는 성격으로 변화

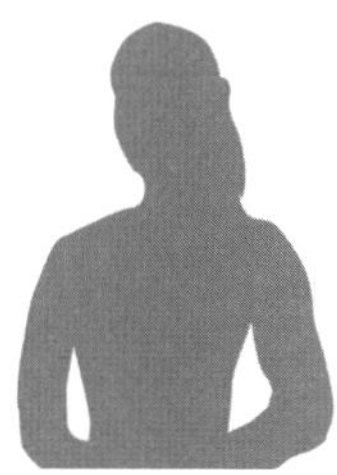

리자

이 같은 사실들은 후천적인 강화(reinforcement)에 의해 인간의 성격이 만들어질 수 있다는 것을 말해주고 있다. 에릭슨(Erikson)이라는 심리학자는 어린이에게 부지런한 성격을 길러주기 위해서는 '칭찬'과 '성공경험'이 중요하다고 하였다. 어린이는 칭찬 받은 일은 더 열심히 하려고 하고, 성공경험이 있는 일은 즐거이 하려고 하지만 질책을 받았거나 실패한 경험이 있는 일은 회피하고 좀처럼 하지 않으려 한다는 것이다.

사회의 모든 조직, 즉 기업을 비롯한 산업조직이나 학교, 군대 등에서 사용하는 행동통제의 방법은 이러한 행동주의와 관련되어 있다. 예컨대, 칭찬이나 포상과 같은 긍정적 강화, 보상을 주지 않는 것이나 처벌 등과 같은 부정적 강화 등의 자극을 제도화한 것이 조직 관리의 형태로 나타난 것이다. 우리가 가정이나 학교, 회사에서 누군가에게 칭찬하거나 야단치는 이유는 그들이 어떤 특정행동을 하도록 촉진하거나 못하도록 억제하기 위해서다.

인간은 스스로 만든다

인간은 동물과 달리 고유한 인지능력을 가지고 있어서 단순히 환경에 따라 반응하지 않는다. 인간은 행동의 결과에 따라서 반응하기도 하지만, 인지능력을 가지고 있어서 스스로 판단하고 행동할 수 있다. 개인이 가지고 있는 인지능력이나 인지구조에 따라 같은 경험을 겪거나 같은 환경에 있어도 그 사람의 행동이 달라질 수 있다.

학생으로서 당신의 상황을 생각해보자. 당신이 받는 교육은 돈이 많이 들고 시간이 오래 걸리며 스트레스를 주는 일들이 많다. 그러나 당신은 학위를 받은 뒤의 커다란 보상을 기대하기 때문에 그 비용과 노력을 견뎌낸다. 당신의 행동은 즉각적인 결과에 의해 형성되는 것이 아니다. 만약 즉각적인 결과에 의해 행동이 이루어진다면 대학에서 겪는 어려움을 견디고 통과할 학생은 거의 없을 것이다. 대신에, 대학교육의 장기적 이익에 대해 생각하고 그 이익이 지금 견뎌내야 하는 단기적인 손실을 능가한다고 결정했기 때문에 당신은 학생으로서 계속 남아있다. 이처럼 인간은 인지능력을 가지고 스스로를 만들어간다.

반두라(Bandura)에 의하면, 인간은 단지 사회문화적 조건의 산물이 아니며 그 자신의 환경을 만들어내는 주체자이다. 인간은 자신의 인지적 능력을 활용하여 사려 깊고 창조적인 사고를 함으로써 합리적 행동을 계획할 수 있는 능력이 있다. 사람이 환경과 상호작용하는 세 가지 방식들을 보자.

① 환경을 선택한다 : 당신이 다니는 대학, 당신이 하는 독서, 당신이 시청하는 TV, 당신이 듣는 음악, 당신이 어울리는 친구들은 모두 당신의 성향에 의해 당신이 선택해온 환경의 일부분이다. 당신은 환경을 선택하고, 선택된 환경은 당신에게 영향을 미친다.

② 우리의 성격이 우리가 사건을 해석하고 사건에 대해 반응하는 방식을 결정한다 : 불안한 사람들은 불안하지 않는 사람들보다 잠재적으로 위협을 주는 사건들에 대해 더 민감한 경향이 있다. 따라서 불안한 사람들은 이 세상을 더 위협적이라고 지각하고 그에 따라 반응한다.

③ 우리의 성격은 우리가 반응하는 상황을 만든다 : 우리가 가족과

> 친구들을 어떻게 보고 대우하는가가 그들이 우리를 어떻게 대우하는가에 영향을 준다. 예컨대, 어떤 사람이 우리에게 화를 낼 것이라고 기대한다면, 우리는 그 사람에게 냉랭한 태도를 보여서 우리가 기대하는 바로 그 행동을 유발시킨다.

이처럼 우리는 자신의 환경의 산물인 동시에 건축가이다. 인간이 환경과 상호작용 하는 인지과정에 영향을 미치는 요인으로는 관찰학습, 자기통제, 자기효능감 등이 있다.

관찰학습

관찰학습은 모방학습, 대리학습, 모델링 등으로도 불린다. 관찰학습은 인간이 단순한 환경적 자극에 대한 반응을 통하여 행동을 학습하는 것이 아니라 타인들의 행동을 관찰함으로써 학습한다는 것이다. 모범이 되는 사람들의 행동을 따라하려는 노력은 관찰학습의 예에 해당된다. 예를 들어보자. 어느 날 당신은 동료가 늘 자신만의 시간관리표를 가지고 해야 할 일을 추진하는 것을 보았다. 그는 서두르는 법이 없이, 언제나 해야 할 일을 제 때에 수행한다. 그 비결이 바로 시간관리라는 것을 깨닫고 당신도 그와 같이 시간관리를 하게 되었다. 동료의 모습을 보고 바람직한 행동에 대한 학습이 이루어진 것이다.

관찰학습이 이루어지려면 개인이 모델의 행동에 주의하고 중요한 측면들을 재인식하고 뚜렷한 특징들을 변별해야만 가능하다. 그래서 관찰자가 모델을 관찰하려는 준비가 되어 있고 그 모델이 과거에 보상을 많이 받은 사람일수록 모델에 대한 주의집중도가 높아 관찰학습이 일어날 가능성이 높다. 어린이들이 위인전을 읽는 이유도 바로 바람직한 행동에 대한 관찰학습을 위한 것이다.

관찰학습은 바람직하지 않은 행동에 대해서도 이루어진다. 어느 날 동료가 고객을 상대하는 태도가 공손하지 않다면서 상사로부터 야단을 맞는 모습을 보았다. 그 후 불만고객을 어떻게 상대해야 하는지에 대해 학습하게 되었다면 관찰학습이 이루어진 것이다. 이처럼 학습이 환경에 대한 자극과 반응의 과정으로 이루어지는 것이 아니라 환경에 대한 인간의 인지과정을 거쳐 이루어지기도 한다.

그런데 관찰학습은 개인에 따라 다를 수 있다. 예를 들면, 술버릇이 나쁜 아버지 아래서 자란 두 형제가 있다고 가정하자. 한 명은 아버지의 모습을 배워 자라서 아버지처럼 나쁜 버릇을 가질 수 있지만, 다른 형제는 아버지처럼 되지 말아야겠다고 결심하고 행동할 수 있을 것이다. 같은 환경에서도 관찰학습의 내용이 다른 것이다. 무엇을 배울 것인가? 선택은 개인의 몫이다.

자기통제

사람은 자신의 판단에 따라 자신의 행동을 통제하려는 성향이 있다. 똑같은 어려운 환경에 놓여있어도 자기통제력이 약한 사람은 그 환경의 지배를 받지만, 자기통제력이 강한 사람은 자기주도력을 가지고 환경을 극복하려고 한다. 그래서 자기통제력이 약한 사람은 '~ 때문에' 태도를 가지고 남 탓이나 환경 탓을 하는 경향이 있다. 자기통제력이 강한 사람은 '그럼에도 불구하고' 태도를 가지고 문제를 환경 탓으로 돌리기보다는 자기 탓으로 돌리는 경향이 있다.

예전에 TV에서 장사가 잘 안 되는 가게를 찾아가 컨설팅해주는 방송프로그램이 있었다. 치킨과 생맥주를 파는 곳이었는데 손님이 거의 없었다. 주인에게 왜 이 가게에 손임이 없는지 물었다. 주인은 이 가게가 길가에서 떨어진 뒷골목에 있어 사람들이 잘 모르는 것 같다고 했다. 원인을 자신이 아닌 외부(손님과 가게의 위치)에 돌리는 것이다. 출연자가 직접 먹어보니, 치킨은 기름이 쩌려 있고 맥주는 신선도가 전혀 없어 맛이 없었다. 출연자는 기름을 자주 갈고 생맥주는 그날 남은 것은 모두 버리라고 조언해주었다. 주인은 이 조언대로 실천하였고 얼마 후 그 가게는 손님이 가득차게 되었다. 물론 맛있어진 치킨과 신선한 생맥주 맛 덕분이었다.

내 자신의 모습이나 운명이 어떻게 만들어지는가? 여기에는 개인적 통제의 느낌, 즉 내가 나의 환경을 통제하고 있다고 보는지 아니면 환경에 의해 통제당하고 있다고 보는지가 중요하다. 당신의 통제감을 생각해보자. 당신은 자신의 인생이 당신의 통제밖에 있다고 느끼는가? 좋은 직장을 얻는 것이 주로 운명에 달려있다고 생각

〈자가진단〉

다음의 문항들에 대해 어느 정도 동의하는지 표시하시오.

1: 전혀 그렇지 않다. 2: 그렇지 않다. 3: 보통이다.
4: 그런 편이다. 5: 매우 그렇다.

번호	내용
1	우리가 말하는 불운은 사실상 무능, 무지, 태만의 결과이다.
2	일어날 일은 결국 일어나고 만다.
3	불행한 인생의 많은 부분은 불운한 운명 때문이다.
4	사실 운이라는 것은 있을 수 없다.
5	내 일에도 내 자신의 영향력이 없음을 자주 느낀다.
6	운이 내 인생의 큰 역할을 한다고 믿지 않는다
7	개인이 열심히 노력하더라도 불행하게도 인정받지 못할 때가 많다.
8	운이 따르지 않으면 성공할 수 없다.
9	인생의 불행은 대부분 자신의 탓이다.
10	성적이 잘나오거나 못나오는 이유는 순전히 나에게 달려있다.

① 문항들의 응답 점수를 합산한다. 이때, 문항 2, 3, 5, 7, 8은 역 문항이므로 1점은 5점, 2점은 4점 식으로 점수를 반대로 합산한다.

② '통제의 위치'란 자신에게 일어나는 일을 자신이 통제할 수 있다고 믿는가 아니면 외부 환경에 달려있다고 믿는가를 뜻한다. 전자를 믿는 사람을 내재론자라고 하고, 후자를 믿는 사람을 외재론자라고 한다. 점수가 높을수록 내재론자라는 것을 의미한다.

하는가? 아니면 당신의 성공과 실패가 당신 자신이 하기 나름이라고 더 굳게 믿는가?

수많은 연구결과들에 의하면, 통제의 위치가 자신에게 있다고 지각하는 사람들(내재론자)이 외부에 있다고 지각하는 사람들(외재론자)보다 더 많이 성취하고 더 독립적으로 행동하고 더 적은 우울감을 느낀다고 한다. 같은 환경이나 상황에 놓여있어도 주어진 상황과 자기 자신을 통제해 나가느냐 그렇지 않느냐에 따라 사람은 전혀 다른 사람으로 성장해갈 것이다.

자기효능감

자기효능감(self-efficacy)이란 어떤 역할이나 일을 잘 해낼 수 있다는 개인의 믿음 또는 자신감을 의미한다. 사람은 자기효능감에 근거하여 자신이 행동할 것인지 여부를 결정할 뿐 아니라 얼마나 오래 수행할 수 있을지 등을 결정한다.

대부분의 사람들은 자신이 잘 할 수 있다는 믿음이 없으면 행동으로 옮기지 않는다. 자신이 있다면, 또는 자신의 역량에 대한 긍정적인 생각이 있다면 실행에 옮기게 되지만, 자신이 없다면 포기한다.

예컨대, 당신이 어떤 새롭고 도전적인 일을 추진할 것인지를 결정하려고 한다. 그것을 실행에 옮길지 않을지를 결정하는 데 큰 영향을 미치는 것은 성공가능성이다. 잘 할 수 있다는 자신이 있다면 실행에 옮기겠지만, 자신이 없다면 안 할 것이다.

이렇듯 자신의 능력에 대한 믿음은 인간의 동기, 행위를 결정하는 데 있어 핵심적인 역할을 한다. 자기효능감은 사람들의 행동수정에 영향을 줄 뿐 아니라 과제수행여부, 노력의 정도, 지속성, 성취수준에도 영향을 미친다. 자기효능감이 높은 사람들은, 어려움에 직면했을 때 더 많은 노력을 기울이고, 과제에 더 끈기 있게 매달린다. 반면, 자기효능감이 낮은 사람은 어려움을 겪거나 실패가 예상되면 쉽게 포기하는 경향이 있다. 따라서 자기효능감의 정도에 따라 개인의 특성이 전혀 다른 방향으로 발달되는 것이다.

다행스러운 사실은, 이 믿음이 환경적 조건이나 경험에 의해 영향을 받기도 하지만, 결국은 내 마음에 있다는 것이다. 내가 내 자신을 어떻게 생각하느냐에 따라, 나는 할 수 있다고 생각하느냐 아니면 못한다고 생각하느냐에 따라 내 인생은 전혀 다른 길을 가게 될 수 있을 것이다.

핵심 point!

삶은 자신에게 일어나는 일 10%와 그 일에 대한 자신의 반응 90%로 이루어진다. — 척 스윈돌(chuck swindoll)

organization

실습

내재론자가 되기 위한 실행계획

1단계 : 내재론자와 외재론자들은 각각 어떤 특징들이 있는가? 그들의 행동 특징이나 태도, 자주 하는 표현 등을 5개씩 말해보자.

내재론자	외재론자

2단계 : 이 가운데 내가 자주 하는 행동이나 말은 무엇인가? 외재론자들의 특성에 해당되는 행동이나 말 가운데 내가 줄여나가야 할 것을 선택한 후 실행에 옮긴다.

제3장

자기인식
- 나는 어떤 사람인가?

제3장

자기인식 - 나는 어떤 사람인가?

자기개념

자기개념이란 자신에 대한 이미지를 말한다. "나는 (　　)한 사람이다." 라고 말한다면 그것이 바로 자기개념이다. 예를 들면, "나는 친절한 사람이다.", "나는 착한 사람이다." 라고 말하면 자신에 대해 친절한 혹은 착하다는 이미지를 가지고 있는 것이다.

나는 과연 어떤 사람인가? 간단한 진단지를 통해 자기개념을 진단해보자.

	매우 그렇다	그렇다	약간 그렇다	약간 그렇다	그렇다	매우 그렇다	
1. 나쁜	1	2	3	4	5	6	좋은
2. 차가운	1	2	3	4	5	6	따뜻한

3. 공격적인	1	2	3	4	5	6	호의적인
4. 이해심이 적은	1	2	3	4	5	6	이해심이 많은
5. 딱딱한	1	2	3	4	5	6	부드러운
6. 나약한	1	2	3	4	5	6	강인한
7. 무능한	1	2	3	4	5	6	유능한
8. 게으른	1	2	3	4	5	6	부지런한
9. 추진력 없는	1	2	3	4	5	6	추진력 있는
10. 사회적으로 실패한	1	2	3	4	5	6	사회적으로 성공한
11. 비사교적인	1	2	3	4	5	6	사교적인
12. 대인관계가 좁은	1	2	3	4	5	6	대인관계가 넓은
13. 감정표현을 못하는	1	2	3	4	5	6	감정표현을 잘하는
14. 자기주장을 못하는	1	2	3	4	5	6	자기주장을 잘하는
15. 대인관계에서 소극적인	1	2	3	4	5	6	대인관계에서 적극적인

■ 해석

1~5번 : 호의성 차원

6~10번 : 유능성 차원

11~15번 : 사교성 차원

각 차원별로 합계가 16~19점이면 중립적 평가이고, 점수를 낮을수록 해당 차원을 부정적으로, 높을수록 긍정적인 평가를 의미한다. 이 세 가지 차원에 대해 스스로 어떤 사람이라고 생각할까? 모든 차원에서 긍정적이거나 부정적으로 생각하는 사람도 있고, 어떤 차원에 대해서는 긍정적이지만 다른 차원에서는 부정적으로 자신을 생각하는 사람도 있을 것이다. 이처럼 자기개념은 영역에 따라 긍정적일 수도 있고 부정적인 사람도 있다.

관점(point of view)이 세상을 보는 방식이라면 자기개념은 우리가 우리 자신을 보는 방식이라고 할 수 있다. 긍정적 자기개념은 자신감과 자긍심을 바탕으로 자신을 긍정적으로 보는 태도이다. 내가 사교성에 대해 긍정적 자기개념을 가지고 있다면 스스로에 대해 사교성 측면에서 자신감을 가지고 있는 사람일 것이다. 그리고 부정적 자기개념은 수치심이나 자기비하 등 자신에 대해 부정적인 태도를 가지고 있는 것이다.

자기개념은 단순한 이미지나 보는 방식에 그치지 않고 자신의 행동에 영향력을 행사한다. 사람들은 자기개념에 따라 행동을 선택하는 경향이 있기 때문이다. 사교성 측면에서 긍정적 자기개념을 가진 사람은 다른 사람을 대할 때, 보다 적극적으로 대하게 된다. 그러나 부정적인 자기개념을 가진 사람은 좀 위축되고 자신이 없고 다른 사람과 적극적으로 상대하려고 하지 않을 것이다. 자신은 일을 잘해내고 유능하다는 자기개념을 가진 사람은 기회가 있을 때마다 적극적으로 일에 달려든다. 정직하다는 자기개념을 가진 사람이 거짓말을 하게 될 때는 자기개념으로부터 큰 저항을 느낀다. 그것은 자기답지 않은 행동이기 때문이다.

사람은 자기개념과 모순되지 않는 정보에 선택적으로 주의를 기울이고 모순된 정보는 왜곡하거나 무시한다. 예를 들어, 수학을 잘했던 사람은 수학성적이 어떻게 자기개념을 높였는지 기억하기 때문에 수학문제가 주어지면 자신감을 느끼고 더 문제에 집중한다. 그에 비해 수학을 못했던 사람은 수학에서 성공경험이 별로 없기 때문에 수학문제가 주어지면 자신감이 떨어지고 그것을 풀려는 동기가 줄어든다. 긍정적인 자기개념을 가진 사람은 부정적인 자기개념을 가진 사람보다 더 큰 자신감을 가지고 긍정적인 방향으로 주의를 기울이는 것이다. 이 점에서 사람이 자신에 대해 가지고 있는 자기개념은 행동을 어떻게 할 것이며 어떻게 생각할 것인지를 결정하는 바탕이 된다.

타인의 피드백에 대한 반응도 자기개념에 따라 다르다. 예컨대, 타인으로부터 칭찬을 받을 때 자기개념이 긍정적인 사람과 부정적인 사람의 반응은 다르다. 칭찬을 칭찬으로 못 받아들이는 사람이 있다. 다른 사람의 호의를 호의로 받아들이지 않고 부정적으로 생각하는 사람은 자기개념이 부정적일 가능성이 높다.

긍정적 자기개념은 심리적 적응의 지표로서 여러 가지 긍정적인 심리적 특질과 상관을 보인다. 이와는 달리 부정적 자기개념은 우울증과 같은 여러 가지 심리적 장애와 높은 상관을 갖고 있다. 특히 긍정적인 자기개념은 자신에 대해 긍정적인 속성을 부여하여 자신의 생각을 확신하며 미래에 대해서도 긍정적인 결과를 기대하게 하므로 자기통제력이 높다고 한다. 반면, 자기개념이 부정적인 경우 자기통제력이 낮아 사회적 적응에 어려움을 가질 수 있는 것으로 알려져 있다.

따라서 긍정적인 자기개념을 갖는 것이 중요하다. 긍정적인 자기개념을 가진 사람은 일상생활이나 직장생활에서 나쁜 일을 경험해도 이런 경험을 가치 있게 여기고 환경이 바뀌어도 잘 적응한다. 그 결과, 자기개념은 직장에서의 성공과 밀접하게 연관되어 있다. 스스로 자신에 대해 긍정적으로 생각하면 그 생각대로 긍정적인 결과를 가져올 확률은 그렇지 않을 경우보다 높다. 자신을 스스로 높게 평가하고 어떤 일을 시작할 때 성공할 것 같다는 생각을 하고 시작하는 경우와, 반대로 일을 시작하기도 전에 자신이 실패할 것 같다는 상상을 하고 하는 경우는 큰 차이를 가져올 수밖에 없을 것이다.

자기개념의 형성

개인의 자기개념은 어떻게 만들어진 것일까? 자기개념을 만드는 주요 요인으로는 사회적 관계, 주변의 피드백, 자신에 대한 태도 등 세 가지를 들 수 있다.

사회적 관계

사회적 관계에서 자기개념을 형성하는데 중요한 영향을 미치는 과정은 타인과의 비교다. 대부분의 사람들은 주변에서 자신과 유사한 다른 사람들과의 비교를 통해 자신을 파악한다. 예를 들면, "난 그러지 못하는데 다른 사람들 보니까 저렇게 다른 사람과 즐겁게 대화를 하는구나" 생각하면서 자신이 다른 사람에 비해 사교성이 떨어지는 것으로 생각하게 된다.

자신이 얼마나 똑똑하다고 생각하느냐는 주위에 어떤 사람들이 있느냐에 따라 달라진다. 예컨대, 어떤 학생이 새로운 학교로 전학을 갔다. 이전 학교에서는 반에서 1등을 하며 선생님들과 친구들로부터 늘 우등생으로 주목을 받았다. 그러나 새로운 학교에서는 자신보다 공부를 월등히 잘하는 학생들이 많아 반에서 중간에도 미치지 못한다. 자신이 뛰어나다고 생각한 자기개념은 월등하게 우수한 사람들과의 비교를 통해 부정적으로 변하게 된다.

가까운 사람의 뛰어난 성취나 행동이 자신에게 얼마나 중요한 속성인가에 의해 비교의 영향력이 달라진다. 준거집단은 사회비교를 할 때 판단의 척도로 작용하는 집단이다. 펠드만과 루블(Feldman & Ruble)은 프린스턴 대학생들에게 학업적성검사 후 점수 알려주고 어떤 집단의 점수를 알고 싶은지를 질문한 결과, 자신보다 공부를 잘한다고 생각하는 사람들의 점수를 알고 싶어 하는 경향을 보이는 것으로 나타났다. 그 사람들과의 비교를 통해 자신의 능력을 파악하려는 것이다.

집단 내에서의 역할도 자기개념에 영향을 미친다. 예컨대, 동아리회장을 맡게 되면 집단에서의 자신의 위치, 타인의 기대 등에 의해 자신에 대한 이미지와 평가가 달라질 수 있다. 나의 고교시절에 담임선생님은 당시 학교를 주름잡던 문제 학생을 한 학기 반장으로 지명하였다. 모두를 놀라게 했던 결정이었고 이제 우리 반은 엉망이 되겠구나 하고 걱정했다. 그러나 놀랍게도 그 학생은 반장다운 행동으로 변신하여 전혀 다른 사람이 되었다. 반장다운 행동이 자신의 새로운 자기개념이었던 것이다.

주변의 피드백

주변의 사람들이 자신에 보여주는 피드백도 자신에 대한 생각에 많은 영향을 미친다. 잘한다고 하면 자신에 대한 이미지가 긍정적으로 형성되지만 좋지 않은 피드백은 부정적 자기개념을 발달시키게 된다. 따라서 긍정적 자기개념을 키워주기 위해서는 부모나 주위 사람들의 긍정적 관심과 피드백이 중요하다.

누군가의 잘못을 지적하는 경우에도 그 사람을 소중하고 가치 있는 사람으로 생각하고 있다는 느낌을 줘야 한다. 특히 어린 시절에는 부모와 가족으로부터 받은 피드백은 자기개념을 형성시키는데 매우 중요한 역할을 한다. 예컨대, 아이를 야단칠 때 "내가 널 얼마나 자랑스럽게 생각하는지 알지?" 하면서 긍정적인 관심을 보이는 것이다. 이러한 무조건적 긍정적 관심은 그 사람의 긍정적 자기개념을 발달시키는 데 도움을 준다. 반대로, "너가 그럴 줄 알았어"식의 반응은 부정적 자기개념을 심어줄 것이다.

자신에 대한 태도

앞에서 설명한 환경적 요인들 외에도 자신에 대한 태도, 즉 자신을 어떤 관점에서 보느냐도 자기개념의 형성에 매우 중요하다. 예를 들면, 일본인 오토다케는 팔다리가 10㎝밖에 안 된다. 그런데 그는 자신의 신체적 구조를 단지 초개성적이라고 표현한다. 이렇게 똑같은 상황에 놓이더라도 자신의 상황을 어떻게 바라보느냐에 따라 자기개념이 긍정적일 수도, 부정적일 수도 있는 것이다.

부모님이나 친구들은 우리의 감정이나 생각을 별로 의식하지 않고 칭찬을 하거나 비난할 수 있다. 청소년기는 자신에게 중요한 사람들로 이루어진 준거집단의 평가에 지나치게 민감하며 그것을 액면 그대로 받아들이는 경향이 있다. 그러나 부정적 피드백을 수용하느냐 아니면 거부하느냐 하는 것은 결국 자기 자신에게 달려 있다. 자신을 둘러싼 환경들이 부정적 자기개념을 촉진하는 경우에도 그것을 극복하고 긍정적 자기개념을 유지하느냐 아니면 쉽게 굴복하느냐는 자신에 대한 태도에 의해 결정될 것이다.

이처럼 자기개념은 자신을 둘러싼 환경과 자신에 대한 태도 등에 의해 영향을 받으며 만들어지고, 이들 요인들에 의해 지속적으로 변하기도 한다. 삶의 과정에서 끊임없이 우리를 흔드는 이로움과 해로움, 칭찬과 비웃음, 성공과 실패 등의 상황, 사람들과의 상호작용 등은 자기개념을 변화시키는 환경적 요인들이다. 그러나 더 중요한 것은 바로 개인적 동기다. 즉, 자신의 현 상태를 유지하고자 하는가 아니면 자아를 변화시키고자 하는가? 자아를 실현하고자 하는 생각이 있는가? 등에 따라 개인의 자기개념이 결정되고 변화될 것이다.

사람들은 누구나 더 긍정적인 자기개념을 위해 노력할 수 있다. 낮은 자기개념은 스스로에 대한 부정적인 믿음과 오랜 부정적 믿음을 돋우는 부정적 혼잣말, 그리고 삶의 경험들을 받아들이는 방식들의 결과이다. 나의 부족하거나 약한 면을 고의적으로 반대의 긍정적인 자기개념으로 삼아 바꿔나갈 수 있다. 예를 들면, 게으른 사람이라면 "나는 부지런하고 시간 약속을 철저히 지키는 사람이다"라는 자기개념을 추가하자. 그러면 일부러 자신이 그런 사람인 것을 증명하기 위해 부지런해진다는 말이다. "나는 내성적인 사람이야"라고 생각하는 사람은 항상 내성적으로 행동한다. 그리고 결코 내성적인 성격을 바꾸지 못한다. 내성적인 성격을 바꾸는 유일한 방법은 자신에 대한 생각을 바꾸는 것이다. 즉, "나도 외향적인 특성을 가지고 있다"는 믿음을 가지는 것이다.

우리가 하는 대부분의 행동들은 자기개념에 의해 영향을 받지만, 우리가 하는 행동들 역시 자기개념에 영향을 준다. 긍정적인 자기개념을 가진 사람들은 보다 자신감을 가지고 일을 해서 긍정적인 결과를 얻게 되고, 이러한 결과는 자기개념을 다시 강화시키는 선순환을 하게 된다. 그 반대의 경우도 마찬가지다. 긍정적인 자아개념을 가지려면 자신의 생각, 감정, 행동에 주의를 기울여, 수용할 것은 수용하고 고쳐야 할 것은 고치겠다는 마음가짐과 긍정적인 방향의 행동이 필요하다.

긍정적 자기개념을 위한 강점 개발

부정성 편향

먼저 자신의 부정성 편향을 알아보자. 60초 동안 자신이 잘할 수 있는 것들에 대해서 세로줄로, 잘하지 못하는 것들을 다른 세로줄로 작성한다. 어떤 목록이 더 긴가?

	잘 하는 것	잘하지 못하는 것
1		
2		
3		
4		

5		
6		
7		
8		
9		
10		
11		
12		
13		
14		
15		

만약 잘 하는 것을 더 많이 썼다면 긍정성 편향이니 다행이다. 그러나 대부분의 사람들은 잘하는 것들보다는 잘 못하고 있는 것들을 더 많이 쓴다고 한다. 잘 못하고 있는 것들을 더 많이 생각하고 있다는 증거이다.

긍정적 자기개념을 발달시키기 위해서는 긍정적인 면에 초점을 맞추어야 한다. 자신의 자신 없는 부분을 자꾸 생각하기보다는 자신의 강점에 초점을 맞추고 개발하려고 노력하는 것이 좋다. 그런데 그것이 말처럼 쉽지 않다. 사람은 일반적으로 부정성 편향이다.

우리는 일반적으로 긍정보다는 부정에 더 끌리며, 강점보다는 약점이나 결함에 더 많은 초점을 맞춘다. 학생들은 성적표를 받으면 성적이 잘 나온 과목보다는 잘 안 나온 과목에 더 많은 눈길이 간다. 성적이 잘 나온 비결보다는 성적이 안 나온 원인을 분석하는 데 더 몰두한다. 사람을 볼 때는 상대방의 장점보다 단점이 눈에 더 잘 들어온다. 다른 사람의 좋은 면에 대해 이야기를 나누는 것보다 그 사람에 대해 험담하는 것이 훨씬 재미있다.

우리 사회도 마찬가지다. 강점보다는 약점에 더 초점을 맞춘다. 컨설팅회사들이 회사를 컨설팅 할 때 가장 먼저 하는 일은 그 회사의 문제점 분석이다. 그들의 초점은 그 회사의 강점이 아닌 약점과 문제점에 있다. 해결안은 문제의 원인을 파악하는 데서 나온다. 심리학에도 우울하다, 정신병적이다, 불안하다 등 주로 문제점과 관련된 용어들이 넘쳐난다. 뉴스를 보면 더 심하다. 살인, 사기, 횡령, 사고 등 온통 나쁜 소식들로 가득하다.

부정성 편향의 악영향

이제 부정성의 영향에 대해 생각해보자. 이처럼 부정적인 측면이나 정보에 노출되고 주의를 기울이게 되면 어떤 결과를 가져올까? 1995년 예일대 심리학과 존 바그(John Bargh) 교수는 재미있는 실험을 했다. 피실험자들에게 마구 섞인 단어 묶음을 주고 문장을 만들라는 것이었는데 A그룹은 '근심하는' '회색의' '주름진' 등 노인과 관련된 단어를, B그룹에는 '깨끗한' '개인적인' '목마른' 등 특별한 연상을 일으키지 않는 단어들을 각각 받았다. 실험의 목적은 문장을 만드는 능력의 측정이 아니라 '문장 만들기' 게임 후 피실험자들의 행동 변화를 알아보는 것이었다. 결과는 놀라웠다. A그룹은 B그룹보다 이동시간이 평균 15% 더 걸렸다. 결론은? 학생들이 노인을 연상시키는 단어에 무의식적으로 영향을 받아 '노인처럼' 걸었다는 것이다. 여기서 피실험자들은 노인이 아닌 젊은 대학생들이었다. 부정적인 것에 초점을 맞추면 행동에까지 영향을 준다는 것이다.

그런데 더 큰 문제는 부정의 영향력 크기다. 부정정서, 대인관계에서의 부정적 상호작용, 부정적 생활사건이 긍정적인 것보다 개인의 삶에 더 큰 영향을 미치고 더 오랫동안 영향을 미친다는 것을 지지하는 심리학적 증거들은 압도적으로 많다. 이들에 의하면, 나쁜 일은 좋은 일보다 5배 더 강력한 힘을 가진다고 한다. 예컨대, 친밀한 관계에서 나쁜 일은 좋은 일보다 더 강하게 작용한다. 그래서 친밀한 관계에서 긍정적 상호작용과 부정적 상호작용의 비율이 5 대 1 정도 되어야 하며 그렇지 않을 경우 관계가 실패할 가능성이 높다고 한다.

부정정서는 긍정정서에 비해 그 영향이 더 강하고 오래 지속되는 경향이 있다. 예컨대, 토마스(Thomas)와 디너(Diener)는 참가자들에게 몇 주 동안 매일 기분을 보고하도록 하는 연구를 수행하였다.

연구가 끝날 때 참가자들에게 부정적 기분에 비해 긍정적 기분이 상대적으로 우세할 때가 얼마나 되었는지 비율을 추정해보도록 요청하였다. 참가자들은 긍정적 감정에 비해 부정적 감정의 빈도를 과대평가하였다. 이러한 결과는 부정적 감정이 긍정적 감정보다 더 강렬하기 때문에 더 쉽게 회상된다는 것을 시사한다. 프레드릭손(Fredricson)과 로사다(Losada)의 연구에 의하면 부정정서는 긍정정서에 비해 그 영향이 약 2.9배 더 강하고 오래 지속된다고 한다.

나쁜 일이 좋은 일보다 더 강력한 힘을 가지고 있다는 사실은 긍정적인 사건을 더욱 증진해야 할 필요성을 말해준다. 만일 삶이 똑같은 양의 행운과 악운으로 구성되어 있다면 나쁜 일의 강력한 힘이 삶을 전반적으로 악화시킬 것이다.

그런데 나쁜 일이 좋은 일보다 영향력이 크긴 하지만 좋은 일은 나쁜 일의 영향을 중화하거나 상쇄하는 역할을 할 수 있다. 나쁜 것이 좋은 것보다 강력하기 때문에 수적인 힘으로 이기기 위해서는 나쁜 것보다 좋은 것을 더 많이 만들어내야 한다. 예컨대, 부정정서가 긍정정서에 비해 그 영향이 약 2.9배 더 강하다면, 긍정적 정서를 부정적인 정서보다 약 3배 정도 더 자주 경험할 필요가 있는 것이다. 이러한 맥락에서 보면 왜 우리가 강점에 더 많은 관심을 가져야 하는지 알 수 있다.

강점이 가진 강점

부정적인 측면이나 정보에 주의를 기울이게 되면 자기개념이 부정적인 방향으로 촉진된다. 약점만 가지고 있는 사람은 세상에 없다. 자기개념을 긍정적으로 발달시키기 위해서는 자신의 강점을 생각하면서 약점보다는 강점에 초점을 맞추어야 한다. 개인의 강점은 긍정적 자기개념을 발달시켜 자신을 보는 방식과 세상과 소통하는 방식을 변화시킨다.

강점을 많이 사용하면 긍정적인 경험도 많이 하게 된다. 셀리그만(Seligman)에 의하면 강점을 많이 사용할수록 긍정정서, 몰입, 안녕 등의 긍정적인 경험을 많이 하게 된다. 효과적인 예방을 연구하는 연구자들은 용기, 미래지향성, 낙관성, 대인관계 기술, 신뢰, 직업윤리, 희망, 정직성, 인내와 같은 강점이나 덕성이 우울증, 분노폭발, 혹은 다른 부정적 결과들로 고통 받을 가능성을 줄인다는 것을 밝혀냈다. 갤럽조사에 의하면 "가장 잘할 수 있는 일을 할 기회가 매일 있다"고 응답한 사람들이 실제로 고객과의 관계에서 성공하고 고용상태를 유지할 가능성이 44% 더 높았다.

긍정적인 생각을 하고 있을 때 혼란스럽고 해로운 생각들은 잘 떠오르지 않을 것이다. 그래서 강점을 연마하여 필요한 곳에서 발휘하면 약점으로 비롯되는 시련을 이겨낼 수 있는 힘을 얻게 된다.

그런데 강점은 선천적으로 타고나는 것이 아닌가? 아니다! 재능은 선천적이지만 강점은 자율 의지에 따라 결정된다. 예컨대, "한길이는 아주 총명한데 좋은 머리를 썩히고 있다."라는 표현은 가능하다. 이는 한길이의 의지력 부족을 나타낸다. 그가 높은 지능을 스스로 선택한 것은 아니지만 우수한 두뇌의 계발과 활용은 스스로의 선택의 문제인 것이다. 한길이는 아주 친절한 사람이지만 자신의 친절을 썩히고 있다는 표현은 있을 수 없다. 즉 강점은 낭비할 수 없는 것이다. 이처럼 강점은 선천적으로 타고난 것이 아니라 누구든 자율의지에 의해 결정되며 발달될 수 있다.

그렇다면 어떻게 강점을 개발할 수 있을까? 자신의 강점을 생각하고 긍정적 정서를 잠시 가져보는 데서 그쳐서는 안 된다. 자신의 강점이 긍정적인 자기개념과 자기개발로 이어지려면 실행이 필요하다. 자신의 강점을 확인한 후 그 강점들을 사용하도록 노력한다면, 자신을 바라보는 이미지는 더욱 긍정적으로 발전될 것이다.

핵심 point!

- 위대한 삶을 산 사람들은 자신을 흔드는 외적요인에 크게 동요되지 않았다. 즉, 환경적 요인보다는 자신의 개인적 동기와 자신에 대한 태도가 가장 중요하다.
- 자기가 누구인지를 결정하는 것은 결국 나 자신이다.

실습

나의 강점 찾기

1단계 : 강점 진단

다음의 질문을 읽고 각 항목별로 자신에게 해당되는 점수를 기록하세요.

1–나와 매우 다르다, 2–나와 다르다, 3–보통이다,
4–나와 비슷하다, 5–나와 매우 비슷하다.

영 역	질 문
1. 호기심, 세상에 대한 관심	a) 언제나 세상에 대해 호기심이 많다.
	b) 쉽게 싫증을 낸다.
2. 학구열	a) 새로운 것을 배울 때 전율을 느낀다.
	b) 박물관이나 다른 교육적 장소에 한 번도 가본 적이 없다.
3. 판단력, 비판적 사고, 열린 마음	a) 판단력이 필요한 주제가 있을 때면, 아주 이성적으로 사고한다.
	b) 성급하게 판단하는 경향이 있다.
4. 창의성/독창성	a) 어떤 일을 하는데 필요한 새로운 방법을 찾는 걸 좋아한다.
	b) 내 친구들은 대부분 나보다 상상력이 뛰어나다.
5. 사회성 지능, 대인관계 지능, 정서 지능	a) 어떤 성격의 단체에 가도 잘 적응할 수 있다.
	b) 다른 사람들의 감정에 아주 둔하다.

영 역	질 문
6. 예견력	a) 항상 꼼꼼히 생각하고 더 큰 것을 볼 줄 안다.
	b) 내게 조언을 구하러 오는 사람은 거의 없다.
7. 호연지기와 용감함	a) 강력한 반대도 무릅쓰고 내 주장을 고수할 때가 많다.
	b) 고통과 좌절 때문에 내 의지를 굽힐 때가 많다.
8. 끈기, 성실, 근면	a) 한번 시작한 일을 끝까지 해낸다.
	b) 일을 할 때면 딴전을 피운다.
9. 지조, 진실, 정직	a) 약속을 반드시 지킨다.
	b) 친구들은 내게 솔직하게 말하는 법이 없다.
10. 친절과 아량	a) 자발적으로 이웃을 도와준다.
	b) 다른 사람들의 행운을 내 일처럼 좋아한 적이 거의 없다.
11. 사랑할 능력, 사랑 받을 줄 아는 능력	a) 자신 못지않게 내 기분과 행복에 관심을 기울이는 사람이 있다.
	b) 다른 사람들이 베푸는 사랑을 제대로 받아들이지 못한다.
12. 시민 정신, 의무감, 협동 정신, 충성심	a) 어떤 단체에 가입하면 최선을 다한다.
	b) 소속 집단의 이익을 위해 내 개인적인 이익을 희생시킬 생각은 없다.
13. 공정성과 평등 정신	a) 어떤 사람에게든 똑같이 대한다.
	b) 내가 싫어하는 사람을 공정하게 대하기가 힘들다.
14, 지도력	a) 일일이 참견하지 않고도 사람들이 단합해 일하도록 이끌어준다.
	b) 단체 활동을 조직하는 데는 소질이 있다.
15. 자기통제력	a) 내 정서를 다스릴 줄 안다.
	b) 건강관리(예: 다이어트)를 오래 하지 못한다.

영 역	질 문
16. 사려, 신중함, 조심성	a) 다칠 위험이 있는 일은 하지 않는다.
	b) 나쁜 친구를 사귀거나 나쁜 사람들을 만나는 경우가 있다.
17. 겸손과 겸양	a) 다른 사람들이 나를 칭찬할 때면 슬그머니 화제를 돌린다.
	b) 스스로 한 일을 추켜세우는 편이다.
18. 감상력	a) 음악,미술,연극,영화,스포츠,과학,수학의 아름다움과 경이로움을 보고 전율한 적이 있다.
	b) 평소에 아름다움과는 전혀 무관하게 지낸다.
19. 감사	a) 아무리 하찮은 일이라도 항상 고맙다고 말한다.
	b) 내가 받은 은혜에 대해 거의 생각하지 않는다.
20. 희망, 낙관주의, 미래지향성	a) 항상 긍정적인 면만 본다.
	b) 내가 하고 싶은 일을 하기 위해 철저하게 계획한 적이 거의 없다.
21. 영성, 목적 의식, 신념, 신앙심	a) 삶의 목적이 뚜렷하다.
	b) 사명감이 없다.
22. 용서와 연민	a) 과거의 것을 문제 삼지 않는다.
	b) 기어코 복수하려고 애쓴다.
23. 명랑함과 유머감각	a) 되도록 일과 놀이를 잘 배합한다.
	b) 우스갯소리를 거의 할 줄 모른다.
24. 신명, 열정, 열광	a) 무슨 일을 하든 전력투구한다.
	b) 의기소침할 때가 많다.

2단계 : 강점 확인하기

이제 각각의 항목에 대한 점수를 쓴 다음 점수가 높은 순으로 10위까지 순위를 매겨보자. 점수가 높은 순으로 당신의 대표 강점 5개를 확인한다.

영역	강점들	점수	순위	나의 강점
지혜와 지식	1. 호기심			
	2. 학구열			
	3. 판단력			
	4. 창의성			
	5. 사회성 지능			1.
	6. 예견력			
용기	7. 호연지기			
	8. 끈기			2.
	9. 지조			
사랑과 인간애	10. 친절			
	11. 사랑			3.
정의감	12. 시민 정신			
	13. 공정성			4.
	14. 지도력			
절제력	15. 자기통제력			
	16. 신중함			5.
	17. 겸손			
영성과 초월성	18. 감상력			
	19. 감사			
	20. 희망			
	21. 영성			
	22. 용서			
	23. 유머감각			
	24. 열정			

3단계 : 강점을 최대한 활용하기

한 가지 강점을 골라서 5일 동안 하루에 한 번씩 그 강점을 사용하도록 노력한다. 강점을 활용하려는 시도가 강점을 강화해줄 수 있고 더 많은 강점을 사용하는 습관을 만들어줄 수도 있다. 또한 강점을 활용할 수 있는 일을 맡아서 실제로 일하는 것을 즐기면서 향후 나의 강점을 활용할 수 있는 일을 탐색해본다.

제4장

자기관리 - 목표

액션러닝으로 배우는 **성공적인 조직생활 전략**

제4장

자기관리 — 목표

목표의 중요성

만약 설계도 없이 집을 짓는다면? 그럴 사람은 없겠지만, 집을 만드는 사람조차 그 비용과 시간, 완성된 상태를 예측할 수 없을 것이다. 되는 대로 집을 짓게 될 것이니 좋은 집을 만들 것이라고 기대하기도 어렵다.

목표가 없이 인생을 산다는 것은 설계도 없이 집을 만드는 것과 같다. 사니까 사는 것이 된다. 그것은 자신의 인생의 목표를 정해 놓고 그것을 향하여 노력하는 것이 아니라 주어진 대로 그냥 사는 것이다. 운이 좋으면 잘 되는 것이고 운이 안 좋으면 안 풀리게 될 것이다.

목표의 중요성을 보여주는 흥미로운 연구가 있다. 1953년 예일 대학교의 한 연구팀이 그 해 졸업반 학생들을 대상으로 분명한 삶의 목표를 가지고 있는 학생이 얼마나 되는지 조사했다. 그들 중 단 3%의 학생만이 글로 쓴 목표를 가지고 있었고 10%는 목표를 가지고 있으나 마음속에 가지고 있었으며 나머지는 목표가 없었다. 20년이 지난 1973년, 이들을 대상으로 한 추적조사가 실시되었다. 글로 쓴 목표를 가지고 있었던 3%는 최상류층에 속해 있었으며, 목표를 마음속에 가지고 있었던 10%는 상류층에, 목표가 없었던 나머지 사람들은 중·하류층에 속해 있었다. 특히, 최상류층에 속한 3%의 사람들이 소유한 부는 나머지 97%의 사람들 모두를 합친 것보다 더 많다는 사실이 확인되었다.

경영학의 아버지로 불리는 피터 드러커(Peter Drucker)가 중학교를 졸업한지 40년이 지나 동창회를 찾았다. 그런데 40년 만에 만난 동창들 중 같은 반에서 공부한 상당수가 의사와 변호사 등 비교적 생활이 윤택한 전문 직종에 진출해 안락한 삶을 살고 있었다. 같은

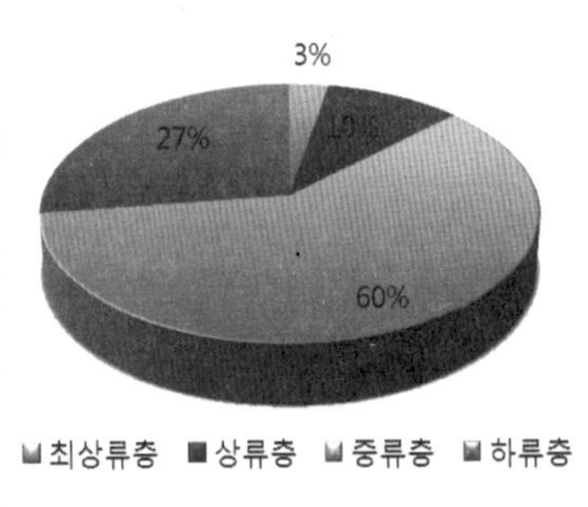

3% : 엄청난 성공을 이룬 최상류층

10% : 여유 있게 살아가는 상류층

60% : 중류층

27% : 하류층

〈폴 마이어 : 인구통계에 대한 조사〉

시기 다른 반에서 공부한 동창들보다 눈에 띄게 두드러진 결과였다. 그 원인은 멀지 않은 곳에 있었다. 당시 피터 드러커를 지도한 담임교사가 같은 반 학생들을 대상으로 늘 목표의 중요성을 강조하고 그것을 기록하도록 지도했기 때문이었다. 그 담임교사는 나이 40살이 되어서 무엇을 할 것인가를 늘 기록하도록 강조했다는 것이다.

사실 많은 사람들이 목표를 세운다는 것의 중요성을 알고 있지만, 그것을 실천하는 사람은 많지 않다. 왜 그럴까? 아마도 목표를 세우지 않는 솔직한 이유는 목표가 갖는 부담감 때문일 것이다. 예컨대, 매일 아침 운동을 하겠다는 목표를 생각해보자. 매일 아침에 일찍 일어나서 규칙적으로 운동을 해야 한다는 것은 쉽지 않다. 그래서 그런 목표를 세울 필요가 없도록, 운동이 갖는 장점을 버리도록 스스로 정당성을 부여한다. 예컨대, 지금도 건강하다든지, 매일 대중교통 이용하고 직장에 걸어가는 것도 충분한 운동이 된다든지 하는 식이다.

지금 상태에 충분히 만족하는 사람은 새로운 목표를 세울 동기를 찾기 어렵다. 그러나 내 인생의 주도권을 가지고 싶다면 내가 가는 방향과 내 삶의 모습을 스스로 만들고 싶다면 그래도 목표가 필요 없는지 스스로 물어봐야 할 것이다. 아무 것도 겨냥하지 않으면 아무 것도 명중시킬 수 없다고 하지 않는가?

사람은 살면서 수없이 많은 선택의 문제에 부딪치게 된다. 이때 목표는 선택의 나침판 역할을 한다. 목표가 없는 사람은 그 상황에 이끌려 다니지만 목표가 있는 사람은 목표에 맞게 선택을 하면서 주어진 상황을 주도적으로 이끈다.

존 고다드(John gota de)의 꿈의 목록

1944년 어느 비 내리는 오후, 열다섯 살의 소년 존 고다드는 로스앤젤레스에 있는 자기 집 식탁에 앉아 하나의 계획을 떠올렸다. 존은 노란색 종이 한 장을 가져다가 맨 위에 〈나의 인생 목표〉라고 썼다. 제목 아래에다 존은 127가지의 인생 목표를 적어 내려갔다. 1972년 미국 〈라이프〉지가 존 고다드를 '꿈을 성취한 미국인'으로 대서특필했을 때, 그는 127개 목표 가운데 114개를 달성한 상태였고 결국 1980년에는 우주비행사가 되어 달에 감으로서 115개를 달성하였다.

17살의 어린 소년이 그러한 목표를 세우고 최선을 다하게 된 계기는 열다섯 살 때 자신의 할머니와 숙모가 말씀하시는 가운데 〈이것을 내가 젊었을 때 했더라면…〉이라는 후회의 소리를 들은 이후다.

"나는 커서 무엇을 '했더라면…'이라는 후회는 말아야지…" 한 작은 소년의 이 결심은 인생을 사는 동안 실천으로 옮겨졌다.

"나는 틀에 박힌 생활을 하고 싶지 않으며 끊임없이 자신의 한계에 대해 도전을 하고 싶었습니다. 독수리처럼 말입니다."

"127개 항목을 모두 다 이루려고 고민하지 않았습니다. 중요한 것은 내가 그렇게 살고 싶었다는 것입니다." 존 고다드의 고백이다.

번호	꿈의 목록
1	이집트의 나일강
25	킬리만자로산
37	의료활동과 탐험분야에서 많은 경력을 쌓을 것
72	독수리 스카우트 단원 되기
73	잠수함 타기
78	4.5kg의 바다거북과 25cm의 전복 채취하기
88	검도배우기
90	대학에서 강의하기
98	내셔널지오그래픽에 기사 싣기
105	1마일을 5분에 주파하기
117	독사에서 독 빼내기
120	22구경 권총으로 촛불 켜기
127	21세기에 살아볼 것 (그때가 되면 고다드는 75세)

좋은 목표란?

누구나 목표의 중요성과 그 효과에 대해 안다. 그러나 목표가 진정한 효과를 내려면 목표를 만들기 전에 목표가 어떤 효과가 있는지에 대해 깊이 생각해보는 것도 필요하다. 목표는 다음과 같은 효과가 있다.

첫째, 목표는 자기 자신이 어디에 있는지 알게 해준다. 목표란 것은 현재의 상태를 원하는 상태로 바꾸고 싶을 때, 이를 위해 해야 할 내용을 담고 있다. 따라서 목표는 자신이 어떤 상태에 있는지를 돌아볼 수 있게 해준다.

둘째, 원하는 것이 무엇인지를 확실하게 해 준다. 목표를 세우려면 도달하고 싶은 상태를 구체적으로 생각해야하기 때문에 원하는 상태를 명확화하게 된다. 장래의 목표를 정하지 못하는 학생들은 스스로에게 “내가 정말 원하는 상태는 무엇인가?”라는 질문에 대해 답을 찾아야 한다.

셋째, 주의 깊게 현실과 미래를 성찰할 수 있게 해준다. 목표를 세우는 과정에서 현재 내 자신을 둘러싼 상황과 목표를 달성한 후의 모습에 대해 생각할 기회를 준다. 따라서 목표를 작성하고 추구하는 과정 자체가 좋은 성찰의 기회를 줄 수 있다.

넷째, 행동에 의지와 동기를 불러일으킨다. 자신이 원하는 상태는 가만히 있으면 저절로 오지 않는다. 목표를 만들게 되면 이를 달성하기 위한 지속적인 노력이 필요하다. 목표는 환경에 의해 유발된 것이 아닌 자신의 의지로 만든 것이다. 즉, 스스로의 의지에 의해 목표를 만들고 이를 달성하기 위한 동기를 스스로 촉진할 수 있다.

마지막으로, 목표는 철저한 자기 관리를 할 수 있게 해 준다. 목표를 달성하기 위해서는 불필요한 시간을 낭비해서는 안 된다. 목표달성에 필요한 행동에 초점을 맞추고 불필요한 행동을 스스로 통제해야 하는 등 자기관리가 필요하다.

그런데 목표를 세운다고 방금 언급한 대로 모두 효과가 있는 것은 아니다. 어떤 경우에는 현재와 별반 차이 없이 특별한 동기를 일으키지 않거나, 결심이 작심삼일로 끝나버리는 경우도 흔히 있다. 이런 사람들은 결국 “역시 목표를 세워봤자 소용없어”하며 아무런 목표도 없이 살아온 자신을 정당화한다.

목표가 좋은 목표로서 소기의 효과를 얻기 위해서는 다음 다섯 가지의 조건을 갖추어야 한다.

첫째, 자신에게 가치가 있어야 한다. 최선을 다할 수 있도록 동기 유발되기 위해서는 자신이 간절히 원하는 것이어야 할 것이다. 우리는 간절히 원하는 것을 쉽게 포기하지 않는다. 난관이 생기면 극복할 생각도 그것이 간절할 때 생긴다. 목표 달성의 출발점은 욕망이다. 진실로 목표를 이루고자 한다면 강렬하게 타오르는 욕망을 키워야 한다. 만약 간절함이 느껴지지 않는다면? 그 목표를 달성하면 무엇이 달라질 수 있을까? 내게 어떤 도움이 될까? 등을 생각하면서 내게 생기는 이득과 장점에 대해 생각해보는 것도 좋은 방법이다.

둘째, 실현가능성이 있어야 하며 현실적이어야 한다. 목표가 너무 높으면 중도에 포기하기 쉽다. 노력해서 충분히 달성할 수 있을 정도의 난이도가 있어야 한다.

셋째, 측정 가능해야 한다. 목표달성과정에서 그 진척 정도와 달성 여부를 확인할 수 있어야 한다. 예컨대, "~을 노력하겠다"식의 목표는 측정할 수 없다. 측정 또는 확인할 수 없으면 목표를 달성했는지, 목표를 향해 다가가는지 알 수 없기 때문에 지속적인 동기부여가 어렵다. 목표를 달성했는지도 명확하지 않기 때문에 성취감을 느끼기도 어렵다. 측정가능하다는 것은 반드시 계량적인 수치만을 의미하지는 않는다. 계량화할 수 있으면 좋겠지만 그것이 어려운 경우에도 판단할 수 있는 정성적 기준이 있어야 한다.

넷째, 구체적이어야 한다. 목표가 구체적일수록 무엇을 해야 하는지가 명확해진다. 예컨대, "부지런한 사람이 되겠다" 또는 "영어 공부를 할 것이다" 식의 목표는 그 목표를 달성하기 위해 무엇을 해야 하는지 알 수 없다. 이 보다는 "매일 아침 6시에 일어나서 30분 동안 토익공부를 하겠다", "토익점수 800점 이상" 등과 같이 목표를 구체적으로 세우는 것이 바람직하다. 이렇게 구체적으로 목표를 세우면 자신이 해야 할 행동과 도달해야 할 상태가 명확해져서 목표에 대해 더욱 초점을 기울일 수 있게 된다.

다섯째, 기한이 있어야 한다. 기한이 있으면 그것을 지키려고 몰입을 하게 된다. 기한이 정해지지 않은 목표는 목표가 없는 것과 같다. 짧게는 6개월, 늦어도 1년이 넘지 않는 기한을 세우는 것이 목표달성을 가능하게 한다.

목표달성을 도와주는 다섯 가지 비법

〈자가진단〉

내 인생에서 중요한 것을 변화시키려고 할 때 나는 이렇게 하는 경향이 있다.

번호	문항		
1	단계별로 계획을 세워서 추진한다.	예	아니오
2	내가 존경하는 인물을 생각하면서 자극을 얻는다.	예	아니오
3	다른 사람들에게 내 목표를 이야기한다.	예	아니오
4	목표를 달성하지 못했을 때 닥칠 나쁜 일들을 생각한다.	예	아니오
5	목표를 달성했을 때 누리게 될 좋은 일들을 생각한다.	예	아니오

번호	문항		
6	도움이 되지 않는 생각을 억누르려고 노력한다(예컨대, 음주나 흡연을 생각하지 않으려고 노력한다).	예	아니오
7	목표달성에 진전이 있으면 스스로 보상을 한다.	예	아니오
8	정신력에 의존한다.	예	아니오
9	진전 상황을 기록한다(예컨대, 일기나 도표로).	예	아니오
10	목표를 이루고 나면 얼마나 멋진 인생이 펼쳐질지 상상한다.	예	아니오

어떤 사람들은 목표를 세운 후 잘 달성하지만 다른 사람들은 중도에 포기한다. 이들 사람들의 차이는 무엇일까? 와이즈먼(R. Wiseman)은 다양한 목표를 달성하려고 시도한 5천명 이상의 참여자를 대상으로 조사한 결과, 처음에 세운 목표를 달성한 사람은 10%에 불과했다. 앞의 문항들은 실험 참가자들이 가장 많이 사용한 10가지 방법이다. 실험에 의하면 절반은 성공확률을 크게 높이는 반면, 나머지 절반은 아무런 효과가 없었다. 짝수 문항에 '예'라고 대답한 참여자들은 목표를 달성하기 어려웠다. 그러나 홀수 문항의 방법들을 사용한 사람들은 목표달성 가능성이 크게 높았다. 목표를 잘 달성한 사람들이 사용한 방법들이 바로 목표를 달성하기 위한 효과적인 전략에 해당될 것이다. 각각의 방법들을 살펴보자.

단계별 계획을 세운다

목표달성에 성공한 사람들은 전체적인 목표를 일련의 작은 목표들로 쪼갠 후 단계별로 그 목표들을 추구해 나갔다. 그 목표들은 구체적이고 측정가능하며 시간 단위로 짜여 있을 때 특히 효과가 컸다.

이렇게 목표 단계를 정한 후에는 목표 달성 여부를 평가하는 기준을 정하여 중간 평가를 한다. 일정한 간격을 두고 목표를 향한 노력을 점검할 수 있는 기준을 설정하여 목표나 과제 달성을 위해 얼마의 노력이나 시간이 더 필요한지, 어떤 어려움을 겪고 있는지 등에 대한 분석을 통해 그 동안의 문제점을 제거한다.

사실 하나의 목표를 변함없이 1년 이상의 기간 동안 꾸준히 실천하기는 쉽지 않다. 중간에 지치고 포기하기 쉽다. 예컨대 토익 점수를 1년 동안 200점 올리겠다는 목표를 세운다면, 그 목표를 3개월 단위로 나눠 단계별로 달성해야 하는 목표를 정해야 끝까지 갈 수 있다. 그 단계별로 달성된 상태를 확인하면서 성취감을 느껴야 지속적인 동기유발이 될 것이다.

친구나 가족, 동료에게 자신의 목표를 이야기 한다

사람들은 일단 표현한 자신의 의견과 약속을 고수하려는 경향이 강하다. 다른 사람들에게 자신의 목표를 말하게 되면 쉽게 포기하기 어렵게 된다. 이를 선언효과라고 하는데, 다른 사람에게 목표를 선언함으로써 달성가능성이 높아지는 심리현상을 말한다. 담배를 끊고 싶다면 가장 좋은 방법은 주위 사람들에게 공약을 하는 것이다. "만약 내가 담배 핀다면 그때마다 10만원을 벌금으로 내겠다"라고 약속한다면 아마도 피기 어려울 것이다.

목표를 다른 사람들에게 말하면 주위의 관심을 받게 되고, 이는 자신에게 힘을 줄 수 있다. 심리적인 도움과 지지는 물론, 난관에 부닥쳤을 때 친구나 가족이 도움을 제공할 수도 있을 것이다.

목표를 달성했을 때 찾아오는 혜택을 자주 생각한다

이것은 그저 장밋빛 미래를 상상하는 데 그치는 것이 아니라 목표를 이루었을 때 삶이 어떻게 달라질지 객관적으로 평가하는 것이다. 예를 들면 새로운 일자리가 목표인 경우, 목표달성에 성공한 사람들은 목표달성 후 얻게 될 더 만족스럽고 급료도 많은 일자리에 대해 생각하는 경향이 강하지만, 실패한 사람들은 실패한 뒤 현재의 상황에서 벗어나지 못한 채 불쌍하게 지내는 모습을 생각하는 경향이 강했다.

목표 달성 후의 모습을 생각하면, 목표를 추구하는 과정에서 겪고 있는 어려움이나 포기하고 싶은 욕구 등을 극복하는 데 힘을 줄 수 있을 것이다.

목표달성을 할 때마다 스스로 보상을 준다

목표달성에 성공한 사람들은 전체 계획의 일환으로 작은 목표를 세우고 그것을 달성할 때마다 자신에게 보상을 준다. 수많은 시행착오와 노력 끝에 목표에 도달한 자신에게 물질적이거나 정신적인 보상을 주는 것이다.

보상은 비교적 작은 것이지만 앞으로 나아가는 데 힘을 주고 성취감을 느끼게 해준다. 이는 다른 목표를 설정하고 다시 성공할 수 있도록 하는 긍정적인 자극제가 될 수 있다. 목표 달성에 대한 보상으로는 단순한 자기 칭찬뿐만 아니라 외식 또는 영화 관람 등 평소에 하고 싶었던 것들이 해당된다.

자신의 계획과 진전, 혜택 등을 글로 표현한다

목표달성에 성공한 사람들은 목표를 글로 표현함으로써 구체화하는 경향이 있다. 글로 목표를 쓰면 자신의 의식에 그 이미지를 분명하게 하는데 도움이 된다. 글은 시각화 효과를 일으켜 오감에 영향을 미치고 목표를 달성하려는 의식을 높인다.

신경심리학자들에 의하면 우리는 하루에 약 5만 가지 생각을 하면서 산다고 한다. 흔히 말하듯, 정말 오만 가지 생각이다. 그렇게 생각이 많으니 우선 순위를 정하는 등 정돈을 해놓지 않으면 제대로 일을 하기 어려울 것이다. 그래서 해야 할 일, 목표들을 글로

써두는 것이 필요하다. 종이에 목표를 구체적으로 적는 순간, 우리의 목표는 특별한 의미를 얻을 것이다.

이중사고

이중사고란 서로 반대되는 믿음을 마음속에 동시에 담아 둘 다 받아들이는 것이다. 목표달성에 대해 낙관적인 태도를 지니면서 동시에 도중에 일어날 수 있는 문제들을 미리 생각한다. 이중사고를 한 사람이 긍정적인 면에만 초점을 맞추거나 부정적인 면에만 초점을 맞춘 사람보다 목표 성공률이 훨씬 높다고 한다. 즉, 다음과 같은 질문에 대해 답해보는 것이다.

"목표달성과정에서 부딪히게 될 난관은 무엇일까?"
"그 난관들을 어떻게 극복해야 할까?"

누구든 목표를 달성하는 과정에서 중도에 포기하고 싶거나 힘든 과정을 겪게 된다. 그런데 그 과정을 미리 생각해두면, 목표를 현실에 맞게 수정하면서 보다 현실적으로 작성할 수 있을 것이다. 그리고 그 순간이 올 때 미리 준비한대로 포기하지 않고 극복하게 되는 것이다.

이러한 이중 사고는 사실 직장생활에서 일을 할 때도 필요하다. 예컨대, 어떤 기획서나 전략방안 등을 작성할 때 단지 방안만을 나열할 것이 아니라 실행 과정에서 예상되는 장애물과 그 극복방안까지 생각하는 것이 좋다. 그렇게 준비된 방안이 더욱 신뢰성을 가질 것이다.

조지오웰은 소설 『1984』에서 이중사고라는 개념을 도입했는데, 서로 반대되는 믿음을 마음속에 동시에 담아 둘 다 받아들이는 것이라고 설명했다. 최근 연구에 의하면 바로 이 개념을 응용해 사람들의 목표달성을 도울 수 있다.

외팅겐(G. Oettingen)은 목표달성에 대해 낙관적인 태도를 지니면서 동시에 도중에 일어날 수 있는 문제들을 같이 생각하는 것이 효과적이라는 사실을 보여주었다. 예를 들면 사람들에게 체중감량이나 새로운 기술습득 또는 금주와 금연 같이 달성하려는 목표에 대해 생각하라고 한다. 그 다음, 목표를 달성한 자신의 모습을 잠깐동안 상상해보고 거기서 얻게 될 가장 큰 혜택 두 가지를 기록하게 한다.

이번에는 목표를 달성하는 과정에서 마주치게 될 난관 두 가지를 생각한 후 기록한다. 그리고 그 난관들을 어떻게 극복해야 하는지에 대해서도 기록한다.

핵심 point!

버킷리스트를 작성하면 모두들 뿌듯한 성취감과 행복을 느끼고, 살아가는데 자신감이 생겼다고 말한다. 이룰 수 있는 '구체적인 꿈'에 도전하고 싶고 그 목표들을 달성할 것을 생각하면서 삶에 대한 만족도가 크게 높아진다는 것이다.

실습

나의 목표 작성하기*

1. 나의 목표는 무엇인가?

2. 중간목표 세우기

1단계

첫 번째 중간목표는 :

나는 이것을 달성할 수 있다고 믿는다.

왜냐하면 :

이 중간목표를 달성하기 위해 내가 해야 할 일은 :

이것은 (   )까지 완료할 것이다.

이것을 달성했을 때의 보상은 :

2단계

첫 번째 중간목표는 :

---

* Wiseman, R.(2009), 『59초』, 서울 : 웅진지식하우스

나는 이것을 달성할 수 있다고 믿는다.

왜냐하면 :

이 중간목표를 달성하기 위해 내가 해야 할 일은 :

이것은 (   )까지 완료할 것이다.

이것을 달성했을 때의 보상은 :

3단계

첫 번째 중간목표는 :

나는 이것을 달성할 수 있다고 믿는다.

왜냐하면 :

이 중간목표를 달성하기 위해 내가 해야 할 일은 :

이것은 (   )까지 완료할 것이다.

이것을 달성했을 때의 보상은 :

3. 이 목표를 달성했을 때 어떤 혜택(내 인생에 일어날 변화)이 있는가? 상세히 표현해보자.

혜택 1 :

혜택 2 :

혜택 3 :

4. 목표달성과정에서 부딪히게 될 난관을 상상해보고 자세히 말해보자.

5. 그 난관들을 어떻게 극복해야 할지 생각해보자.

6. 목표공개 : 나의 목표를 누구에게 이야기하는 것이 좋을까?

공개방법 :

제5장

자기관리 - 시간

제5장

자기관리 — 시간

1 organization

나의 생활습관은?

〈자가진단〉

연번	내용	체크 √
1	목표를 세우고 계획성 있게 생활하는 편이다.	
2	잠자기 전에 내일의 계획을 세우는 편이다.	
3	아침에 하루의 일과에 대한 계획을 효율적으로 세운다.	
4	자신만을 위한 시간을 갖고 있다.	
5	즐거움을 위한 시간을 갖고 있다.	
6	충분한 시간을 수면에 할애한다.	
7	스트레스가 되는 상황은 되도록 피한다.	
8	불필요한 일은 과감히 '하지 않는다'라고 정하고 이를 지킨다.	

연번	내용	체크 √
9	약속 시간을 잘 지킨다.	
10	정해진 시간 안에 일을 잘 처리한다.	
11	규칙적으로 생활한다.	
12	나는 여유있게 생활한다.	

- 8개 이하 : 시간의 노예
  항상 시간에 허덕이며 여유 없이 살고 있다.
  단순히 바쁜 일상 외에 성격이나 습관에 의한 조급함도 많이 작용
  시간관리가 요구됨

- 9개 이상 : 시간의 주인
  비교적 시간관리를 잘 하고 있다.
  정해진 시간 내 다른 사람보다 많은 것을 이룰 수 있다면 성공하기에 훨씬 유리하다.

하루 24시간 가운데 잠을 7시간 잔다고 하면 17시간이 남는다. 생각해보면 적지 않은 시간이다. 그러나 우리는 늘 바쁘다. 우리나라에서는 초등학생 4학년부터 바쁘다고 한다. 그러나 이 말을 초등 1학년생들에게 하면 "우리도 바빠요"라고 항변할지 모른다. 학교숙제는 물론 각종 학원에 다니느라 어른보다 더 스케줄이 꽉 차있는 아이들도 많다.

시간의 소중함을 가장 크게 느끼는 사람은 누구일까? 일 년의 소중함은 수능을 방금 본 학생들이 가장 뼈저리게 느낀다고 한다.

결과가 만족스럽지 못한 학생들은 "다시 일 년이 주어진다면"하고 지나간 일 년을 좀 더 알차게 쓰지 못했다는 것에 대해 아쉬움을 느낄 것이다. 하루의 소중함은 일간신문 기자들이 가장 크게 느낀다고 한다. 원고 마감시간이 다가오는 순간의 10분은 그들에게 정말 절실할 것이다.

직장인들에게 하루 중 10분이 가장 귀하게 느껴지는 시간은 아마도 아침일 것이다. 일어날 시간에 '10분만 더'를 외치기도 하고 출근 길 몇 분을 단축하기 위해 뛰기도 한다. 하루가 좀 더 길었으면 하고 바랄 때도 많을 것이다.

"미인과 함께 하는 한 시간은 1분처럼 느껴지지만 뜨거운 난로 곁에 있는 1분은 한 시간처럼 느껴진다." 상대성 이론을 시간개념으로 설명한 아인슈타인이 한 말이다. 물리적인 시간의 단위는 모든 사람에게 동일하지만 주관적인 시간은 그 사람의 기분이나 상황에 따라 다르다는 것이다.

그런데 시간은 단지 주관적인 느낌만이 아니다. 실제로 어떤 사람은 하루 종일 바빠 보이지만 한 일은 없는 반면, 어떤 사람은 여유 있어 보이지만 많은 것들을 해내는 경우를 흔히 본다. 내가 아는 어느 여교수의 경우도 그렇다. 그녀는 학교강의와 연구 이외에도 외부강의, 학교보직, 각종 자문 등의 스케줄이 일주일을 가득 채우지만 집에 가선 요리 하는 것을 즐기고 집안 살림, 쇼핑, 체력관리를 위한 수영과 자전거타기 등 할 일은 다 한다. 연구 실적도 나보다 훨씬 많다. 비결은 시간관리다.

물리적인 시간은 같지만, 시간관리를 잘하는 사람과 그렇지 못한 사람에게 주어진 시간의 양은 다르다. 상대성원리가 시간에도 적용되는 것이다.

시간관리

시간을 효율적으로 관리하고 싶다면 내가 시간을 어떻게 관리하고 있는지 파악하는 것이 필요하다. 주어진 시간을 어떻게 분배하면서 보내야 좋을까? 중요한 일도 있고 중요하지 않은 일도 있다. 긴급한 일도 있고 긴급하지 않은 일도 있다. 또한 중요하지만 긴급하지 않은 일, 반대로 중요하지 않지만 긴급한 일도 있다. 이처럼 일을 중요도와 긴급도를 기준으로 보면 〈그림 5-1〉처럼 네 가지 유형으로 분류할 수 있다.

유형 1은 중요하고 긴급한 일이다. 여기에 해당되는 일들은 당연히 즉시 처리해야 할 것이다. 주로 필수적으로 해야 할 일들 가운데 마감시간이 다가온 일들이다.

유형 2는 중요하지만 긴급하지 않은 일이다. 그러나 긴급하지 않으므로 그냥 놔두어도 되는 것이 아니다. 중요하므로 지금부터 계획을 세워 준비해 나가면서 잘 처리할 수 있도록 해야 할 일들이다. 이 점에서 유형 2는 '투자의 시간'이라고 불린다. 대부분의 사람들은 이들 일을 긴급해질 때까지 놔둔다. 즉 유형 1이 될 때까지 놔두었다가 긴급히 처리하는 것이다.

〈그림 5-1〉 시간 매트릭스 분석

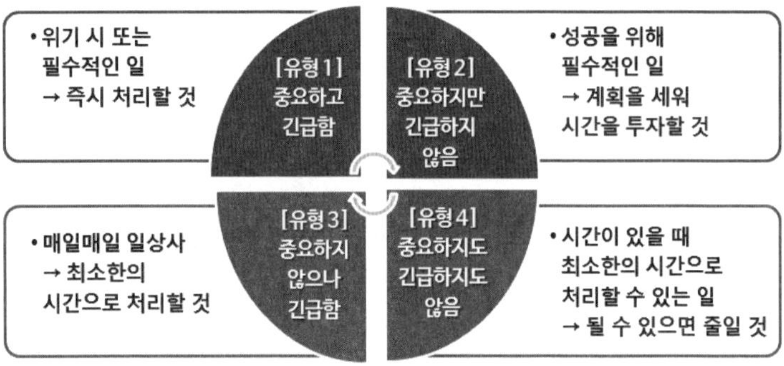

예를 들어보자. 대학에서 대부분의 교수들은 1주차에 강의 소개를 할 때 과제가 있는 경우 언제쯤 발표해야 할지에 대해 공지한다. 그리고 11주차에 발표를 한다고 할 때, 나는 발표가 2주 앞으로 다가오면 다시 공지한다. 그때 학생들의 반응은? "다른 과목들도 과제가 있으니 한꺼번에 하면 너무 힘들다", "1주만 연기해달라"고 아우성이다. 유형 2의 과제들이었는데 동시에 유형 1의 과제가 되어버린 것이다.

유형 3은 중요하지 않으나 긴급하므로 최소한의 시간으로 처리해야 한다. 매일 매일의 일상사가 여기에 속한다고 할 수 있다.

유형 4는 중요하지도 긴급하지도 않은 일이다. 이들 일은 가능하면 자투리 시간에 최소한의 시간으로 처리하거나 또는 될 수 있으면 이들 일을 줄이거나 없애는 것이 바람직할 것이다. 예전에 어느 회사에서 오너가 선거에 출마했다. 그 회사에서는 선거준비를 위해 몇 달 동안 직원의 무려 30%를 선거와 관련된 업무에 투입했다. 그 회사에서 일이 제대로 돌아갔을까? 놀랍게도, 그 전보다 훨씬 업무처리가 신속하게 잘 돌아갔다고 한다. 직원을 더 뽑을 수는 없으니 유형 4의 업무들이 최소화되고 불필요한 결재단계가 없어져 일이 신속하게 처리된 것이다. 그래서 이들은 그동안 불필요한 업무를 너무 많이 하고 있었다는 사실을 깨달았다고 한다.

이제 〈그림 5-2〉에서 성공하는 사람과 성공하지 못하는 사람들의 시간 매트릭스를 비교해보자. 성공하는 사람은 유형 2에 40%라는 많은 시간을 할애하고 있다고 것을 알 수 있다. 반면 유형 1에는 10%밖에 소요하지 않는다. 중요하지만 긴급하지 않은 일은 미리 준비를 해왔기 때문에 유형 1에는 상대적으로 적은 시간을 소요하게 되는 것이다.

반면, 성공하지 못한 사람은 중요하지 않은 일에 너무 많은 시간을 투자하고 있다는 것을 알 수 있다. 유형 2에 속하는 일들은 미리 준비를 하지 않기 때문에 결국 유형 1에 유형 2의 3배 정도의 시간

〈그림 5-2〉 성공하는 사람과 성공하지 못하는 사람의 시간 매트릭스

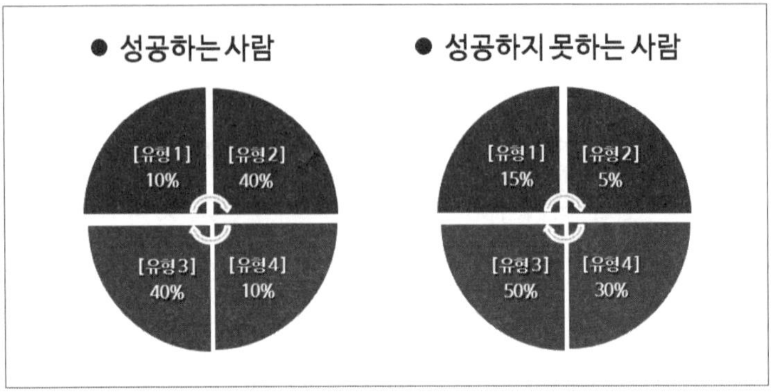

을 소요하고 있다.

한번 생각해보자. 하루를 마치고 뒤돌아봤을 때 상당히 바쁜 하루를 보냈지만 뭔가 성취감이 느껴지지 않거나, 별로 한 일이 없는 듯한 생각이 든 적이 있는가? 만약 그렇다면 그건 오늘 한 일이 대부분 유형 3이나 4에 해당되기 때문이다. 뭔가 일을 했다는 느낌이 들거나 오늘 하루를 주도적으로 보냈다는 생각이 들려면 유형 1이나 유형 2에 많은 시간을 투자해야 한다.

흔히 도 닦는 사람들이 말한다. "비어야 보인다" 시간도 마찬가지다. 불필요하거나 중요하지 않은 일들을 줄이거나 없애지 않으면 내게 해야 할 정말 중요한 일들이 보이지 않을 것이다.

시간관리 매트릭스를 작성해보자. 내가 어떤 일을 주로 하고 있었는지, 어떤 유형의 시간 관리자인지 알게 될 것이다.

3

낭비시간 최소화하기

우리는 해야 하는 일은 과대평가하고 낭비되는 시간은 과소평가한다. 그러나 낭비시간은 의외로 많다. 대학시절 한 친구가 도서관에서 자리에 일어날 때마다 시간을 적는 것을 보았다. 화장실 다녀온 후 자리에 앉을 때 다시 시간을 적는다. 순수하게 자리에 앉아서 공부하는 시간만을 체크하고 관리하는 방법이다. 그래서 나도 해보았다. 그랬더니 낭비되는 시간이 놀라운 정도로 많아 실제로는 공부하는 시간이 많지 않다는 사실을 알게 되었다. 예컨대 난 도서관에서 아침부터 하루 종일 10시간 공부한다고 생각했지만, 이런 저런 낭비시간들을 다 빼고 보니 순수한 공부시간은 6시간 정도밖에 안 되는 것이다. 공부시간에 거품이 많았다는 것을 깨달았다.

바쁘다고 하지만, 결과를 봤을 때 한 일이 없다는 생각이 드는 이유는 바로 시간 관리에 문제가 있을 수 있다. 우선 낭비시간을 줄여야 한다. 직장에서 시간이 낭비되는 몇 가지 경우를 살펴보면서 그 시간을 줄일 수 있는 방법을 생각해보자. 낭비되는 시간은 의외로 많다.

아침 출근 후 본격적인 근무에 앞서 신문을 보고 커피를 한 잔 마신다

출근 후 본격적인 업무에 들어가기 전까지 걸리는 시간을 체크해보자. 만약 30분이라면, 매일 그 시간동안 할 수 있는 자기개발을 생각해보자. 영어공부를 할 수도 있고 전문 책을 읽을 수도 있을 것이다. 워밍업 시간을 줄이기 위해 퇴근 직전, 다음날 오전에 할 일들의 목록을 작성하여 아침에 출근하면 리스트를 점검하고 곧바로 업무에 들어간다. 또는 출근하면서 도착하면 해야 할 일을 미리 생각해둘 수도 있을 것이다.

모든 일을 완벽하게 처리해야 직성이 풀린다

매일 야근하며 열심히 일하지만 성과가 낮은 직원, 또는 항상 칼 퇴근하지만 성과가 높은 직원. 직장 상사는 어떤 직원을 더 좋아할까? 당연히 후자일 것이다. 열심히 일하는 것과 생산적으로 일하는 것은 다르다. 분주하지만 성과가 없다면 자문해봐야 한다. 내가 중요하지 않은 일에 너무 많은 시간을 투자하고 있는 것은 아닌지? 사실, 중요한 일을 피하기 위해 일부러 중요도가 낮거나 불필요한 일들을 열심히 하는 직원도 있다.

모든 일을 완벽하게 처리해야 직성이 풀리는 직원이 있다. 예컨대, 보고서를 작성할 때 글씨크기를 14로 하다가 고민 끝에 15로 바꾸고, 글씨 색도 이색 저색으로 바꿔보는 등 불필요한 것에 상당한 시간을 보내는 직원들이 많다. 열심히 하지만 모두 비생산적이다. 자기만족일 뿐이다. 중요하지 않은 일은 적정선에서 마무리하고, 보다 중요한 일에 시간을 투자해야 한다.

책상 위가 항상 어질러져 있다

책상위에 쌓여있는 잡동사니는 보기만 해도 불쾌한 감정을 일으킨다. 흔히 우리는 이것들 속에서 필요한 자료를 찾는데 시간을 낭비한다. 공간의 여유가 없으면 심리적으로도 짜증난다. 즉시 처리할 수 있는 문서들은 처리하여 책상 위에 문서가 쌓이지 않도록 정리하고 필요 없는 것은 버린다. 반드시 필요하지만 당분간 보지 않는 것들은 상자에 넣어 별도로 보관하자. 마음까지 시원할 것이다.

가끔씩 자리에 와서 떠들고 가는 동료들로 인해 시간이 낭비된다

직장에서는 동료가 와서 잡담을 하고, 친구로부터 전화가 와서 상당 시간 통화에 매달리는 경우도 있다. 요즘은 문자로 쉴 새 없이 이야기를 주고받기도 한다. 하루 날 잡아서 이 모든 시간을 더해보면 깜짝 놀랄 것이다. 인맥관리와 친교의 시간, 잠시 휴식을 줄 수도 있지만, 더 중요한 문제는 업무와 몰입의 흐름을 끊는다는 것이다. 즉 실제로는 더 많은 시간이 낭비될 수 있다.

따라서 동료가 오면 이야기를 나눈 후 일정 시간이 지나면 당장 할 일을 말하면서 양해를 구하는 것이 바람직하다. 또는 "이따 점심 같이 먹자"는 말로써 마무리할 수도 있을 것이다. 중요하지 않은 문자나 전화에 대해서는 그때마다 모두 받기보다는 자투리 시간을 이용한다.

상습적으로 회의나 약속에 늦는 사람을 기다리느라 시간이 낭비된다

약속시간이나 회의 시간이 정확히 지켜지는 경우는 흔치 않다. 이런 경우가 없도록 지각에 대해 벌금을 내게 한다든지, 회의시간이 되면 무조건 시작하는 것이 최선으로 보인다. 그럴 수 없다면, 이런 경우를 대비해 처리할 수 있는 일들을 준비해두는 것도 차선책이 될 수 있다. 예컨대, 답문을 하거나 이메일 확인 및 회신, 해야 할 일에 대한 계획, 또는 아이디어 구상 등 남들에게 크게 표시나지 않게 할 수 있는 일은 많다.

빈번한 회의로 인해 업무를 제대로 할 수 없다

직장에서는 심한 경우에 하루 종일 회의만 하게 되는 날도 있다. 회의의 빈도도 많고 회의시간도 길다. 회의의 빈도가 많은 이유는 회의를 하지 않아도 될 사안까지 회의를 하기 때문이다. 회의시간이 긴 이유는 회의 진행방법의 문제이다.

직장에서는 회의시간을 줄이기 위해 스탠딩 미팅(서서하는 회의), 모래시계 회의(모래시계를 테이블에 놓고 회의를 진행, 시간이 다 되었을 경우 회의결과 도출 여부와 상관없이 회의를 중단) 등 다양한 방법을 사용하기도 한다.

무엇보다 다음 세 가지만 지켜도 회의시간을 대폭 줄일 수 있다.

첫째, 반드시 모일 필요가 없는 사안들은 이메일이나 전화로 해결한다. 예컨대, 단지 아이디어만 수렴할 경우 만나야할 이유가 없다. 반드시 만나야만 할 사안에 대해서만 회의하면 된다.

둘째, 회의를 할 때는 미리 의제를 알려줘서 충분히 준비와 검토를 한 후 참석하도록 한다. 이때 각자 아이디어를 간단히 적어가지고 오는 식으로 강제성을 부여하면 더욱 좋을 것이다.

셋째, 회의가 시작되면 회의에서 도출되어야 할 결과물을 명확히 한 후 그 과정에서 논의해야 할 하부 주제들과 각각의 소요시간을 정한 후 진행한다. 하부 주제들과 각각의 소요시간을 적어서 모든 사람이 볼 수 있도록 하면 주제별로 시간 안에 마무리를 해야 하는 압박감과 몰입도를 높일 수 있게 된다.

시간을 창조하라

우리는 흔히 24시간이 부족하다고 한다. 특히 마감이 내일로 다가올 때 오늘 하루가 1시간만 더 있으면 좋겠다고 생각한 적도 많을 것이다. 그러나 조금 신경 쓰면 사실 우리는 시간을 길에 뿌리고 다닌다.

통계에 의하면 직장인의 하루 평균 출퇴근 시간은 편도 약 42분이라고 한다. 거리나 교통 수단에 따라 약간의 차이는 있겠지만 대략 하루 1시간30분 정도를 출퇴근에 소비하는 셈이다. 주 5일 근무라면 일주일에 7시간 30분, 한 달이면 무려 30시간이다. 약 4일 정도의 근무시간이다. 그러나 대부분의 사람은 이 시간을 그냥 버린다. 지하철에서 보면 상당수가 스마트폰으로 음악을 듣거나 기사를 검색하거나 게임에 몰두한다. 이 시간을 어떻게 보내느냐에 따라 시간이 보너스로 창조되기도 하고 그냥 무심코 지나가기도 한다. 자투리 시간을 이용하고 적절한 도구를 활용한다면 시간이 24시간 이상으로 창조될 것이다.

자투리 시간 활용법

어떤 상황에서든 필요한 일을 할 수 있다. 자투리 시간을 이용하면 의외로 많은 일들을 처리할 수 있다. 중요하거나 몰입이 요구되는 일이 아니라면 이 시간을 이용하자.

① 이동시간 활용

지하철, 버스 등에서 음악을 듣거나 책이나 신문을 읽는 것도 좋다. 그런데 이동시간에 스마트 폰을 이용하여 이메일에 답장하기, 답문하기, Face 북 관리하기, 일정관리하기 등을 하는 것도 유용하다.

② 대기시간 활용

음식이 나오기를 기다리거나, 은행 업무에서 순서를 기다릴 때 대기시간이 있다. 이런 시간을 대비하여 해야 할 일을 가지고 다닌다.

③ 시간을 잘게 쪼개라

시간을 1시간 단위로 관리하면, 일이 끝나거나 마무리 될 때도

이 시간에 맞춰서 하게 된다. 그러나 아주 세밀하게 10분, 또는 분 단위까지 계획을 수립하게 되면, 시간의 빈틈이 더 잘 보이게 된다. 자투리 시간을 만들려면 자투리 시간이 나오도록 시간을 잘게 쪼개는 관리하는 것이 좋다. 생각해보면 1분에 할 수 있는 일이 많다.

도구 활용법

플래너를 비롯한 시간관리 도구를 활용하는 것도 효과적이다. 자신의 스타일에 맞는 도구를 찾아서 활용해보자.

① 플래너 활용

할 일을 메모하고, 계획할 수 있는 플래너를 활용하는 것이 좋다. 다양한 형태의 플래너가 있으니 자신과 알맞은 것을 선택할 수 있다. 또는 스마트 폰의 일정관리 기능을 활용하거나, 메모기능 등을 활용할 수 있고, 앱을 사용해도 좋다. 여기서 중요한 것은 나의 일정을 어딘가 기록하고 눈으로 보면서 관리한다는 것이다. 수시로 기록한 것을 볼 수 있도록 한다.

② 생각을 명료하게 하는 도구 활용

어떤 일을 먼저 해야 할지, 또는 어떤 것을 선택할지 등등 머리 속이 복잡할 때가 있다. 이럴 경우일수록 그와 관련한 사항들을 마인드맵과 같은 도구를 활용하여 생각을 단순하게 정리해 볼 필요가 있다. 각 주제어에 따른 논리 구조를 쉽게 정리하면 내 생각이 체계화되어 명료해진다. 이는 복잡한 생각을 정리하거나, 할 일을 놓치지 않고 할 수 있도록 일을 추진할 때, 필요한 사항들을 관리하는 데에도 유용하다.

③ 알람 기능 활용하기

요즘 많이 가지고 다니는 핸드폰이나 스마트 폰에는 알람기능이 있다. 이 기능을 이용하여 잊기 쉬운 마감일을 하루 이틀 전에 미리 알람을 해 두면 좋다. 그리고 고도의 집중력을 발휘하기 위하여 인위적으로 마감시간을 정한다.

시간관리는 습관이다

참 어려운 것이 '오늘 할 일을 내일로 미루지 말라'이다. 일이 항상 몰려온다는 느낌을 받는 사람이라면, 대부분 일을 미루고 있을 가능성이 크다.

How보다는 What이 중요하다

어떤 시간에 무엇을 해야 할지 결정하는 것이 중요하다. 과제를 할 때도 내가 지금 과제와 관련한 자료를 먼저 찾아야 할 것인지, 과제가 요구하는 사항이 무엇인지 분석을 할 것인지에 따라 어떤 시간에 어떤 일을 할지 달라진다.

사소한 일을 먼저 처리하기

10분 이내에 처리할 수 있는 사소한 것들, 예컨대, 이메일에 답장하기, 은행업무 보기, 도서관에 도서 반납하기 등을 먼저 처리하는 것이 좋다. 왜냐하면, 해야 할 일을 미루고 있으면 정작 중요한 일에 집중하기 어렵고 왠지 찜찜한 기분이 들기 때문이다.

시간관리의 시작을 작게 하라

갑자기 아침형 인간이 되겠다는 것은 어려울 수 있다. 그렇지만 내가 가장 좋아하는 일을 정해진 시간 내에 마치고, 목표를 달성하는 것부터 작게 시작하는 것은 그리 어려운 일이 아니다.

가끔 자신에게 상을 준다

이렇게 힘든 습관 형성의 과정에서 스스로에게 상을 줄 필요가 있다. 스스로 시간관리를 잘 하고 있다고 평가될 때, 자신에게 보상을 해 주면 습관형성에 효과적이다. 정해진 시간 안에 끝내야 하는 과업을 이룬 성취감을 효율적으로 이용하는 방법으로 스스로에게 상을 주는 것이다.

핵심 point!

파레토 법칙에 의하면, 일에 대한 결과의 80%는 전체 시간 중 20%의 시간을 활용하여 성취된다고 한다. 80%의 시간을 효과적으로 활용해야 보다 많은 것을 성취할 수 있다.

실습

시간관리 매트릭스 작성

1단계 : 어제 내가 한 일들을 쓴다.

내가 한 일	소요시간

2단계 : 내가 한 일들을 시간관리 매트릭스의 해당되는 곳에 옮겨 쓴 후, 각 유형별 시간 비중을 계산한다.

중요하고 긴급한 일	중요하지만 긴급하지 않은 일
중요하지 않지만 긴급한 일	**중요하지도 긴급하지도 않은 일**

3단계 : 나의 시간관리 매트릭스를 보면서 시간을 좀 더 효과적으로 보내기 위해 다음을 작성한 후 실행에 옮긴다.

제거해야 할 일	감소시켜야 할 일
증가시켜야 할 일	**창조해야 할 일**

제6장

자기관리 - 정서

제6장

자기관리 — 정서

organization 1

정서와 정서조절

지금 당신은 어떤 감정을 느끼고 있는가? 좋은가? 아니면 우울한가? 아니면 별 다른 감정을 느끼고 있지 않은가? 현재 있는 상황에 따라, 또는 조금 전에 일어난 일로 인해 어떤 특정한 감정을 느끼고 있을 수도 있다. 우리는 하루에도 수 백 가지의 감정을 느끼며 살아간다.

감정은 흔히 이성과 대비되어 사용된다. 그런데 이성이란 말에 비해 감정은 부정적으로 사용되는 듯하다. 예컨대, "넌 지금 감정적이야. 이성적으로 대응해야 해"라는 말이 우리가 감정을 바라보는 태도를 잘 보여준다.

그러나 감정 또는 정서는 억누르고 통제해야 하는 대상이 아니다. 정서는 인간에게 필요한 두 가지 기능을 가진다.

생물학적 기능

정서는 우리의 생존과 적응을 돕는다. 어떤 상황에서 느낀 정서는 생리적 변화를 일으켜 그 상황에 적합한 행동을 하도록 한다. 예컨대, 위협적인 존재 앞에서 느끼는 두려움이라는 감정 때문에 우리는 도망가는 행동을 하게 된다. 그렇지 않다면 생존이 위험할 것이다. 마찬가지로, 어느 장소에서 부끄러운 감정을 느낀다면 그 자리를 피해 더 이상 부끄러움을 느끼지 않도록 한다. 머무를 곳이 필요한 경우에는 편안함을 느끼게 해주는 장소를 선택하게 해주는 것도 바로 정서이다. 슬픔은 다른 사람들의 도움을 구하게 하여 그 슬픔을 극복하도록 해준다. 이처럼 정서는 우리가 처한 상황에서 우리의 생존에 필요한 행동을 하도록 안내해줌으로써 생존과 적응을 도와준다.

사회적 기능

첫째, 정서는 유발한 자극에 대한 정보를 제공한다. 그 자극이 자신에게 유익한지, 아니면 해로운지에 대한 정보를 제공해준다. 예컨대, 사업상 누군가를 소개받았을 때, 좋은 감정을 느꼈다면 그 사람이 신뢰할 만한 사람이라고 판단할 수 있게 된다. "왠지 느낌이 안 좋아"라는 말을 하기도 한다. 이렇게 부정적 감정이 든다면 그 사람을 좀 더 시간을 두고 신중하게 생각하게 된다. 이처럼 다른 사람과의 관계형성에 정서는 중요한 역할을 한다.

당신이 어떤 모임에 처음 참석할 때 그 모임에서 어떻게 행동해야 하는지에 대해 단서를 주는 것도 정서이다. 모두들 친근하고 포용적인 감정이 든다면 이 모임의 분위기가 어떤지 알 수 있을 것이다. 회의에 늦게 들어갔을 때 그 회의 분위기가 매우 숙연하고 무거운 느낌이 들었다면 지금 어떤 상태인지 짐작할 수 있을 것이다.

둘째, 정서는 일종의 의사소통이다. 우리 한국 사람들은 눈치가 발달되어 있다고 한다. 상대방의 표정만 보고 어떤 상태인지, 어떤 메시지를 전달하려는 지 알아차린다는 것이다. 상대방의 감정은 얼굴이나 몸에 나타난다. 나를 만나는 상대방의 감정 상태를 보고 그가 나를 호의적으로 생각하는지 아닌지를 알 수 있다. 불쾌한 표정을 지음으로써 "난 당신이 싫다"는 메시지를 전달할 수도 있다.

셋째, 정서는 의사결정을 돕는다. 의사결정은 감정이 아닌 이성의 영역처럼 보인다. 그러나 감정은 의사결정의 중요한 역할을 한다. 의사결정 하는 데 중요한 판단의 근거 가운데 하나는 자신의 욕구와 관심사이기 때문이다. 우리는 이렇게 말하는 경우가 종종 있다. "이유는 잘 모르지만, 왠지 그쪽으로 끌려." 자신에게 좋은 감정을 일으키는 선택을 하는 것이다. 또 어떤 선택을 한 직후, 만족해한다면, 그 선택이 자신에게 좋은 감정을 느꼈기 때문일 것이다.

혹시 장래 목표 등 어떤 선택을 할 때 판단이 잘 안되면, 스스로에게 물어봐라. 어떤 선택이 자신의 가슴을 뜨겁게 하는지? 때론 이성보다 감정에게 판단을 맡기는 것이 적절하다.

〈표 6-1〉 정서의 기능

기능	내용
생물학적 기능	정서는 생존과 적응을 돕는다. 예 : 두려움은 도망가는 행동을 하게 한다.
사회적 기능	· 정서는 정보를 제공한다. · 정서는 의사소통이다. · 정서는 의사결정을 돕는다.

이처럼 감정이나 정서는 우리의 생존과 바람직한 사회생활을 위해 필요한 것이다. 감정이 풍부하다는 것은 사람을 더욱 인간미 있게 보이게 하는 큰 장점이지 결코 단점이라고 말할 수 없다. 감정에 무딘 사람은 그리 매력적으로 보이지 않는다. 남들이 다 웃는데 웃지 않고, 늘 무표정하게 있는 사람과는 가까워지고 싶지 않다. 마찬가지로 자신이 우울할 때 자신의 감정에 전혀 공감적 감정을 표시하지 않는 사람과는 대화하고 싶지 않을 것이다.

정서가 자신의 일이나 관계에 부정적인 영향을 미쳤다면 그것은 정서자체의 문제가 아니라 정서를 제대로 다루고 조절하지 못한 데에서 오는 문제이다.

우리는 흔히 순간적으로 정서조절에 실패해서 인생의 낭패를 보는 경우를 듣는다. 예컨대, 운전하면서 내 차 앞으로 끼어든 사람을 응징하려다 큰 사고를 내기도 하고 형사 처벌을 받기도 한다. 순간의 화를 못 참아 내뱉은 말이나 행동으로 큰 명예나 지위를 잃은 사람들에 대해서도 흔히 듣는다.

부정적 감정만 조절이 필요한 것은 아니다. 백화점에서 "잘 어울린다"는 점원의 칭찬에 기분이 들떠서 필요 없는 옷까지 사게 된 후 집에 와서 후회하기도 한다. 자신의 기분에 취해 다른 사람의 감정은 미처 생각하지 못하는 경우도 있다. 부정적 감정이든 긍정적 감정이든 상황에 맞게 적정 수준으로 감소시키는 정서조절이 필요한 것이다.

정서조절방법*

당신은 우울하면 어떻게 기분 전환하는가? 또는 화가 나면 어떻게 푸는가? 이런 질문을 하면 대부분은 비슷하다. "그냥 TV를 봐요", "술을 마셔요", "친구를 만나요" 등이다. 레퍼토리가 별로 없다. 사실 우리는 정서조절에 대해 배운 적이 없다. 예컨대, 화나는 일이 있을 때 아마도 가장 흔히 들은 얘기는 "네가 참어", 또는 "잊어버려" 일 것이다. 정서조절을 안내하는 방법으로는 마인드컨트롤이나 복식호흡 정도이다. 그러나 이들 방법 역시 정서조절의 초점을 참거나 잊는데 두고 있으며, 보다 적극적인 방법에 대해서는 제시하지 않고 있다.

* 이지영(2011), 『정서조절코칭북』, 서울 : 시그마프레스.

정서조절 방법으로는 상당히 많은 방법들이 있다. 이들 방법들을 보면서 상황에 맞는 조절방법을 사용하면 건강한 정서생활을 할 수 있을 것이다.

(1) 인지적 방법

정서적 자극이나 상황에 대한 인지적 측면 즉, 사고에 접근하여 정서적 변화를 유발하는 방법이다.

능동적으로 생각하기

불쾌한 감정과 관련된 생각에 접근하여 적극적으로 다루는 방법이다. 이 방법은 불쾌한 정서를 궁극적으로 해소하기 위해 반드시 필요한 대표적인 정서조절방법이다. 능동적으로 생각하기 방법을 자주 사용할수록 정서조절 능력이 뛰어나고 정신적으로 건강할 가능성이 크다. 능동적으로 생각하기는 크게 세 가지 방법을 포함한다.

첫째, 불쾌한 감정의 원인을 파악하고 이해한다. 아무런 원인이 없이 감정이 발생하는 경우는 없다. 어떤 자극에 대해 평가를 하고 의미를 부여했기 때문에 감정이 유발되는 것이다. 그 자극을 자신이 어떤 방식으로 해석했는지 파악하면 그러한 감정이 생긴 과정을 이해할 수 있게 된다. 흔히 별거 아닌 것 가지고 흥분했다는 것을 알고 쉽게 정서가 조절되기도 한다.

둘째, 불쾌한 감정을 유발한 부정적인 생각을 좀 더 긍정적이고 대안적인 생각으로 바꾼다. 생각을 바꾸면 세상이 달라진다는 말이 있다. 감정을 유발한 상황에 대해 다르게 생각해보는 것이다. 예컨대, "달리 해석해 볼 수는 없을까?", 이 상황을 긍정적으로 생각한다면? 등이다.

셋째, 주어진 상황을 변화시킬 수 있는 방법을 생각해본다. 불쾌한 감정을 유발한 문제를 변화시키기 위한 방법을 생각하는 것이다. 상대방이 나를 존중해주지 않아서 불쾌했다면 존중받기 위한 방법에 대해 생각해본다. 예컨대, "어떻게 하면 이 상황을 바꿀 수 있을까?"

수동적으로 생각하기

이 방법은 정서유발 자극을 직접 다루는 것이 아니라 일시적으로 불쾌한 감정을 완화시키기 위한 것이다. 수동적으로 생각하는 방법은 두 가지가 있다.

첫째, 불쾌한 생각을 회피한다. 아마도 많은 사람들이 사용하는 방법일 것이다. "그냥 잊자"고 하거나 다른 생각을 함으로써 불쾌한 감정이 들지 않도록 하는 것이다. 예컨대, 친구와 말다툼을 해 기분이 나빴을 때, 내일까지 제출해야 할 보고서에 대해 생각하는 것이다.

둘째, 자신에게 위안이 되는 말을 함으로써 좀 더 나은 기분을 유도한다. "잘 될 거야", "괜찮아질 거야", 또는 "별 일 아니야" 등을 반복적으로 생각하는 것이다. 이러한 방법은 자신의 심리 상태를 안정시키는 데 도움을 줄 수 있다.

인지적으로 수용하기

인지적으로 수용한다는 것은 이미 일어난 일을 받아들이는 것이다. 일어난 일을 받아들이지 못하면 불쾌하지만 처한 상황을 인정하면 감정이 누그러질 수 있다. "왜 이런 일이 내게 일어난 거야?", "어떻게 그 사람이 그럴 수 있어?"라고 생각하기 보다는, "어쩔 수 없는 일이야", "사람이 그럴 수도 있지"라고 생각하면서 우리에게 일어난 일을 그대로 수용한다.

부정적으로 생각하기

부정적으로 생각하면 불쾌한 감정이 증폭되지만, 많은 사람들이 이런 시도를 종종 한다.

첫째, 불쾌한 감정과 관련된 사건의 부정적인 측면을 반복해서 떠올린다. "상황이 다르게 되었다면 이런 감정이 들지 않았을 텐데" 하면서 부정적인 생각을 반복해서 계속 떠올린다.

둘째, 파국적으로 생각한다. “안 좋은 일이 일어나면 어떡하지?”, “이제 끝장이 나겠군” 하면서 부정적인 미래를 생각하며 걱정을 확대시킨다.

셋째, 자신의 행동을 후회하고 비난한다. 원인을 자신에게 찾아 반성을 한 후 변화를 찾는 것이 아니라 후회와 자기비난을 반복하는 데에 무르는 것이다. “바보같이 행동 했어”, “모든 게 내 잘못이야”

타인을 비난하기

불쾌한 감정이나 상황의 원인을 타인에게 돌려서 좀 더 나은 감정을 유도하는 방법이다. 다른 사람에게 원인을 돌리면 자책감에서 벗어날 수 있지만 타인이나 주변 환경에 대한 분노로 인해 오히려 불쾌한 감정이 커질 수 있다.

(2) 체험적 방법

체험적 방법은 감정을 표현함으로써 정서적 변화를 가져오기 위한 것이다.

즐거운 상상하기

행복하고 즐거운 장면을 떠올림으로써 불쾌한 감정을 해소하는 방법이다. 예컨대, 사랑하는 사람과 함께 했던 행복한 순간을 생각하거나 즐거운 일을 상상하는 것이다.

감정을 표현하고 공감 얻기

주변 사람들에게 자신의 감정이 어떠한지 표현하고 공감이나 위안을 얻음으로써 불쾌한 감정을 완화시킨다. 친한 친구나 주변 사람들에게 자신이 겪은 일과 감정을 표현하여 그 사람으로부터 공감을 받고 위안을 얻는 것이다.

감정 수용하기

현재의 감정을 있는 그대로 느끼고 받아들인다. 감정을 억제하려고 하면 오히려 감정이 분출될 수도 있다. 슬플 때 차라리 실컷 울어버리면 가라앉을 수 있다. 긴장이 될 때도 "이러면 안 되는데" 하면 불안감이 더욱 커질 수 있다. 불안한 것은 당연하다는 생각을 가지면 그 마음에 휘둘리지 않게 된다.

타인에게 부정적 감정을 분출하기

불쾌감을 유발한 상대방이나 주변 사람들에게 짜증이나 화를 내서 자신의 불쾌감을 해소한다. 이렇게 불쾌한 감정을 다른 사람에게 분출하는 화풀이를 하게 되면 일시적으로는 자신의 불쾌한 감정이 해소되는 것 같지만, 상대방에게 상처를 주어 미안함에 또 다른 불쾌한 감정을 유발시킬 수 있다.

안전한 상황에서 부정적 감정을 분출하기

누군가에게 부정적인 영향을 끼치지 않을 수 있는 안전한 상황에서 불쾌한 감정을 표현하고 발산하는 방법이다. 예컨대, 집에 혼자 있을 때, 또는 자신이 어떤 행동을 해도 받아줄 수 있는 친구와 함께 있을 때 속에 쌓인 감정을 발산하는 것이다.

(3) 행동적 방법

행동적 방법은 정서적 변화를 얻기 위해 어떤 행동을 하는 것이다.

문제해결 행동 취하기

불쾌한 감정을 느끼게 되었을 때, 그 감정을 유발한 대상이나 상황을 개선하거나 해결할 수 있는 구체적인 방법을 행동으로 옮기는 것이다. 불쾌한 감정을 유발한 문제를 해결한다면 감정의 원인을 제거하게 되므로 불쾌한 감정도 쉽게 감소될 수 있다. 이는 가장 효과적인 정서조절 방법이라 할 수 있으며 정신조절 능력과 정신건강에 매우 긍정적인 영향을 미친다.

조언이나 도움 구하기

자신이 직접 문제를 해결하는 행동을 하기 어려운 경우 주변 사람들에게 도움을 구할 수 있다. 친구나 주변 사람과 자신의 문제에 대해 상의하고 조언을 구할 수도 있다. 이 방법은 자신의 불쾌한 감정 해소는 물론 이 과정을 통해 다른 사람과 유대감을 형성하고 친밀한 관계로 발전할 수 있는 효과가 있다.

친밀한 사람 만나기

친밀한 사람과의 만남을 통해 위안과 안정감을 얻고 불쾌한 감정을 밀어낼 수 있다. 직장에서 스트레스를 잔뜩 받고 집에 왔을 때 반갑게 맞이하는 귀여운 자녀를 안으면 불쾌한 감정이 눈 녹듯이 사라지고 기분이 좋아진다. 이처럼 친밀한 사람과의 기분 좋은 만남은 불쾌한 감정을 중화시키며 정신적 안정감을 준다.

기분 전환 활동하기

불쾌한 기분에서 벗어날 수 있도록 즐거운 활동을 하는 방법이다. 예컨대, 영화나 음악 감상, 쇼핑, 미용실에 가서 머리모양을 바꾸는 것도 기분 전환을 위한 활동이 될 수 있을 것이다.

폭식하기

맛있는 음식을 먹음으로써 기분전환을 시도할 수도 있을 것이다. 폭식을 통해 포만감을 느끼고 뭔가 충족된 듯한 느낌을 받으면 불쾌한 감정이 사라지는 듯 느낄 수 있다. 그러나 이 방법은 건강에도 안 좋고, 폭식 이후 체중과 몸매에 대한 걱정과 후회를 동반할 수 있다.

탐닉 활동하기

술, 담배, 게임 등 자신을 흥분시키거나 자극할 수 있는 대상을 찾아 일시적인 즐거움을 얻는 방법이다. 그러나 불쾌한 감정 상태에서 술을 마시면 오히려 감정이 격하게 될 수 있다. 담배를 피우면 일시적으로 감정이 완화되는 것처럼 느끼지만 실질적으로 정서는 조절이 안 되고 나쁜 습관만 촉진된다. 이러한 탐닉활동에의 의존은 불쾌한 감정을 해결하기 위한 현실적인 활동과 스스로의 정서조절 능력을 방해할 것이다.

어떤 정서조절방법이 좋을까?*

다른 사람과의 원만한 관계 형성에 정서의 영향은 매우 크다. 누구든 정서 표현에 인색한 사람과 자주 만나고 싶은 사람은 없을 것이다. 그러나 정서의 표현 못지않게 중요한 것은 정서조절이다. 해소되지 못하고 쌓인 불쾌한 정서는 어떤 방식으로든 개인에게 해로운 영향을 미친다. 정서 조절에 실패하면 사회생활뿐만 아니라 자신의 정신적, 신체적 건강에도 해롭다.

어느 연구에서 노골적인 적개심을 측정하는 성격검사를 실시했다. 25년 후 피험자들의 결과를 비교해봤더니 화를 가장 잘 내는

* 정서조절방법에 대한 내용은 이지영이 2010년에 「한국심리학회지: 임상」의 29(3)권에 게재한 논문 '정서조절방략이 정신병리에 미치는 영향'의 연구결과를 반영한 것임.

사람은 화를 가장 적게 내는 사람에 비해 심장마비를 일으킬 위험이 약 다섯 배나 높았다. 다른 연구에 의하면 나이가 들어 심장마비를 일으킬 위험이 가장 높은 사람들은 다른 사람들보다 소리를 잘 지르고 짜증과 조바심이 많으며 쉽게 분노를 표출하는 경우가 많다고 밝혀졌다. 갈로브스키(Galovski)와 블랜차드(Blanchard)는 논문에서 '도로위의 분노'에 대해 연구하였다. 이들에 의하면 도로위에서 치솟은 스트레스를 받은 운전자는 다른 운전자에 비해 치명적인 사고를 일으킬 확률이 무려 다섯 배가 높다고 한다. 이렇듯, 자신의 정서를 적절하게 조절하지 못한 결과는 위험하기까지 하다.

앞에서 살펴보았듯이 정서조절을 위한 방법은 다양하고 사람들은 정서조절을 위한 나름대로의 시도를 한다. 그러나 모든 방법들이 바람직한 것은 아니다. 정서조절에도 유익하고 효과적인 전략이 필요하다. 지금까지 살펴본 정서조절방법에 대해 평가를 해보자.

부적응적 정서조절방법

정서조절방법 가운데 부적응적인 방법으로는 부정적으로 생각하기, 타인 비난하기, 타인에게 부정적 감정 분출하기, 안전한 상황에서 부정적 감정 분출하기, 폭식하기, 탐닉활동하기 등 6가지를 지적할 수 있다.

이들 부적응적 정서조절방법을 사용할수록 정서조절에 곤란을 경험하고 정서조절능력이 낮은 것으로 밝혀졌다. 정서조절곤란은 우울장애, 발달장애 등 다양한 정신병리와 관련이 있다.

따라서 이들 부적응적 방법들은 정서조절을 위한 방법으로 사용하지 않는 것이 좋을 것이다.

주의분산적 방법과 지지추구적 방법은 일시적일 뿐

수동적으로 생각하기, 즐거운 상상하기, 기분전환 활동하기 등과 같은 주의분산적 방법은 일시적으로 불쾌한 감정으로부터 벗어나게 해준다. 그러나 불쾌한 감정을 다소 감소시킬 뿐 해결되지 않은 채 가슴속에 차곡차곡 쌓인다. 따라서 여전히 고통스러울 수 있다.

친밀한 사람 만나기, 감정을 표현하고 공감 얻기 등과 같은 지지추구적 방법은 친밀한 관계를 통해 불쾌한 감정이 상쇄될 수는 있지만 그것 자체가 불쾌한 감정과 상황을 해결해주지 않는다.

가장 바람직한 정서조절 방법은?

학자들에 의하면 가장 능동적이고 효과적인 방법은 '능동적으로 생각하기'와 '문제해결 행동 취하기'라고 할 수 있다. 이 두 가지 방법을 자주 사용할수록 부적응 수준이 가장 낮고 정서를 효과적으로 조절할 수 있다고 한다. 불쾌한 감정을 회피하지 말고 그대로 느끼고 받아들이며 상황을 파악하여 그 원인과 과정을 이해하고 받아들일 부분은 받아들이고 해결할 수 있는 행동은 직접 취하는 방법과 같이 감정상황에 직접 접근하여 처리하는 방식이 가장 바람직하다.

이외에, 불쾌한 감정을 그대로 느끼고 받아들이는 '감정 수용하기'도 정서조절을 위한 바람직한 방법으로 강조되고 있다.

우리는 살아가면서 다양한 종류의 고난과 어려움을 겪는다. 그러한 시련에서 빨리 회복해서 정상적인 생활로 돌아오는 경우도 있지만 때론 오랫동안 그 시련이 주는 고통 속에서 헤어나지 못하는 경우도 있다. 고난을 이기고 심리적으로 빨리 회복해나가는 것을 회복탄력성이라고 한다. 정서조절의 핵심은 바로 이 회복탄력성을 키워나가는 것이다.

회복탄력성을 키우기 위해서는 먼저 이러한 상황이 발생한 원인을 생각해보아야 한다. 왜 그가 화를 냈을까? 왜 내 제안서가 떨어졌을까? 왜 헤어지자고 했을까? 이런 식으로 원인을 찾아가는 과정만으로도 회복탄력성에 도움이 된다. 원인을 찾은 후에는 그 같은 상황이 반복되지 않도록 자신이 할 수 있는 방법을 생각하고 행동으로 옮겨야 한다. 단순히, "앞으로 잘 될 거야"식으로 넘어가면 그러한 상황을 발생시킨 문제를 반복하게 될 수 있다.

성공적인 비즈니스 관계를 구축하려면 긍정적인 감정이 무엇보다 중요하다. 감정은 전염된다. 내가 활짝 웃는 모습을 보이면 주변 사람들의 마음도 밝아진다. 나의 찡그린 모습을 보고 좋은 인상을 받거나 그 사람과 친해지고 싶은 마음이 드는 사람은 없을 것이다. 이렇듯 좋은 감정은 사회적 관계를 지속시키고 발전시키는 매개체이다. 다른 사람과의 긍정적인 감정 공유를 통해 그 사람과의 관계는 더욱 공고해질 것이다. 이 점에서 정서조절은 성공적인 사회생활을 위해 매우 중요하다.

핵심 point!

감정의 방관자나 감정에 휘둘리는 노예가 아니라
감정의 주인이 되자!

실습

정서조절 진단

정서조절코칭연구소(www.emotioncoach.co.kr)를 방문하여 정서조절 방법 사용 패턴에 대한 자가 진단을 해보자. 진단 결과를 보고, 향후에 보다 효과적인 정서조절방법을 사용하도록 노력한다.

제7장

자기관리 - 스트레스

액션러닝으로 배우는 **성공적인 조직생활 전략**

제7장

자기관리 — 스트레스

스트레스란?

사람은 누구나 스트레스를 받으면 살아간다. 직장인들은 사회생활을 하면서 업무와 관련해서, 상사나 동료들과의 대인관계 속에서 수시로 스트레스를 경험한다. 아이들도 스트레스에서 자유롭지 못하다. 하고 싶은 놀이를 못할 때, 성적에 대한 압박감을 느낄 때, 친구와의 관계 속에서 스트레스를 받는다. 우리나라 사람들이 자주 사용하는 외래어 중 1위가 스트레스였다는 보도가 있었다. 이처럼 스트레스라는 말을 입에 달고 사는 것이 대부분 사람들의 모습인 듯하다.

세계인의 건강과 관련된 항목에 대해 조사한 필립스의 분석을 봐도 조사대상 12개 국가 가운데 한국인의 스트레스 지수는 94로서 가장 높은 수치를 기록하였다(메디컬투데이, 2010년 11월 03일).

〈그림 7-1〉 각 국의 스트레스 지수

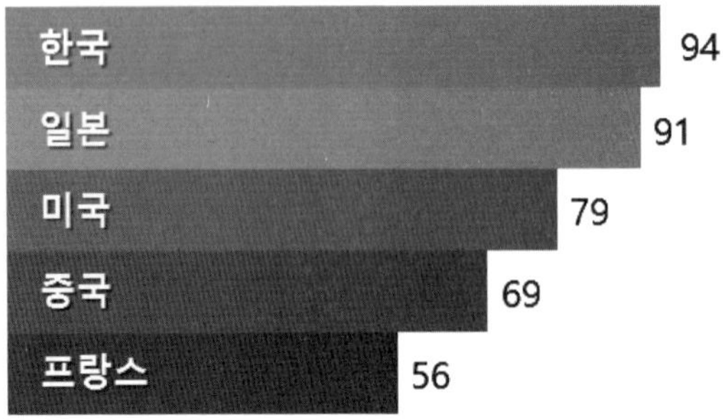

2000년 한국 직장인을 대상으로 스트레스 실태를 조사한 결과 스트레스를 받지 않은 건강군은 단지 5%, 잠재적 스트레스군은 73%, 극도의 스트레스를 받는 고위험군이 22%나 됐다*.

스트레스란 무엇인가? 스트레스란 유해한 환경자극에 대한 인간의 방어적 반응, 즉 긴장상태를 말한다. 예컨대, 사람은 누구나 하기 싫은 일을 하거나 하고 싶은 일을 못하게 되면 짜증이 난다. 불안하거나 초조하면 가슴이 두근거린다. 이처럼 어떤 자극이나 공격을 받았을 때 이를 막기 위해 몸이 나타내는 반응을 스트레스라고 한다. 〈표 7-1〉에서 보듯, 스트레스를 받으면 피로, 두통 등 신체적 증상은 물론, 집중력이나 기억력 감소, 우울증 등의 정신적 증상이 나타날 수 있다.

---

* 장세진(2000), 직장인 스트레스 실태조사, 한국예방의학회 직무 스트레스 예방 전략 심포지엄.

〈표 7-1〉 스트레스의 증상들

신체적 증상	피로, 두통, 불면증, 근육통이나 경직(목, 어깨), 복부통증, 구토, 전율, 맥박이 빨라짐, 안면 홍조, 땀
정신적 증상	집중력이나 기억력 감소, 혼동, 불안, 신경과민, 우울증, 좌절감, 걱정 , 불안, 분노

갤럽 여론 조사에 의하면 미국의 경우, 기업 종사자 중 25%정도가 스트레스와 관련된 질병을 앓고 있으며 13%는 우울증에 걸려 있는 것으로 나타났다. 월스트리트 저널은 최근 기업의 최고경영자(CEO) 중에 치열한 경쟁에서 오는 중압감, 정상의 고독감 등으로 정신치료를 받는 사람이 늘고 있다고 보도했다.

대부분의 경우 불안이나 우울 증상은 일시적이며, 스트레스가 지나가면 사라지게 된다. 그러나 스트레스 요인이 너무 과도하거나 오래 지속되는 경우, 또는 개인이 스트레스 상황을 이겨낼 힘이 약화되어 있는 경우 각종 정신질환으로 발전할 수 있다. 내과 입원환자의 70% 정도가 스트레스와 연관되어 있다는 연구결과도 있다.

따라서 스트레스를 피하기 어렵다면, 스트레스를 최소화하거나 극복하는 방법을 배워 자신의 생활에서 스트레스가 악영향을 미치지 않도록 해야 할 것이다.

스트레스에 대한 반응

그렇다면 스트레스는 모두 나쁜 것일까? 스트레스에는 나쁜 스트레스(distress)만 있는 것이 아니고 좋은 스트레스(eustress)도 있다. 당장에는 불쾌한 감정을 일으켜도 적절히 대응하여 자신의 향후 삶이 더 나아질 수 있는 스트레스, 또는 우리에게 활력을 주는 스트레스는 좋은 스트레스인 것이다. 반면, 해결되지 않은 채 몸에 계속 남아 불안이나 우울 등의 증상을 일으킬 수 있는 스트레스는 나쁜 스트레스라고 할 수 있다.

스트레스를 전혀 받지 않고 산다는 것은 거의 불가능해 보인다. 휴가마저 스트레스를 준다고 한다. 스트레스 받지 말고 살아야겠다는 것은 방안에서 무기력하게 아무 것도 하지 않고 살겠다는 얘기다. "지금 내게 심장을 뛰게 하는 것이 하나도 없다", "뭔가 벅차오르게 하는 것이 하나도 없어서 스트레스가 하나도 없다"는 것은 바람직한 상태라고 보기 어려울 것이다. 문제는, 스트레스가 '지속적이고 지나치게 강해 조절이 불가능한 상태'까지 이어지는 데 있다. 특수한 조건에 대처하기 위해 몸에 일종의 비상이 걸리는 스트레스 상황이 계속된다면 몸에 이상이 오는 것이다

그런데 스트레스를 유발하는 상황에 놓인다고 모두 똑같이 스트레스를 받는 것은 아니다. 같은 상황에 놓여도 어떤 사람은 스트레스를 심하게 느끼지만 어떤 사람은 태연하게 대응한다. 그 상황을 받아들이는 개인의 생각이나 체감 정도에 따라 차이가 있는 것이다. 예전에 A 백화점을 컨설팅하면서 알게 된 인사팀장은 매우 까다로운 상사를 두고 있었지만 항상 얼굴은 환하고 광채가 나는 듯했다. 신기해서 물어봤다. "스트레스를 상당히 많이 받으실 것 같은데 팀장님 얼굴을 보니 전혀 스트레스를 받지 않는 듯하네요". 그 팀장은 웃으면서 "네. 선무도 하면서 스트레스를 모두 날려버립니다." 훗날 그 회사의 사장이 된 소식을 듣고, 그 나름의 스트레스 관리법이 성공에 기여하지 않았을까 생각하였다.

미국의 심리학자 라자러스(Lazarus)에 의하면, 사람에 따라 좋은 스트레스로 작용하느냐, 나쁜 스트레스로 작용하느냐는 스트레스 요인에 대한 인지적 평가에 따라 달라질 수 있다고 한다. 스트레스 상황을 부정적으로 받아들이면 결국 질병으로 가게 되지만, 긍정적으로 받아들이거나 부정적인 감정을 처리하기 위한 다양한 대처를

해나가면 자신의 삶에 유익하게 작용할 수 있다는 것이다.

스트레스의 근본적 원인을 해결하려고 하지 않고 쉽게 포기하거나 자기비난, 공격적인 행동 등을 하는 것은 바람직하지 않다. 스트레스를 안 받으려고 하는 것도 쉽지 않다. 스트레스의 정확한 원인을 발견하고 문제해결을 위해 적극적으로 노력하는 건설적 반응이 필요하다. 문제의 원인을 살펴보다보면, 내가 아무것도 아닌 것 가지고 스트레스를 받고 있다는 것을 깨닫게 된다.

〈표 7-2〉 스트레스에 대한 반응

반응	내용
건설적 반응	스트레스의 정확한 원인을 발견하고 문제해결을 위해 적극적으로 노력하는 것
비건설적 반응	원인에 대한 규명이나 해결 없이 회피하거나 포기하거나 자신을 합리화시켜서 스트레스의 근본적 원인을 해결하기 못하는 것. 포기, 자기비난, 공격적인 행동, 탐닉행동

스트레스의 원천

스트레스 원천의 분류

스트레스는 그 원천이 외재적인지 내재적인지에 따라 분류할 수 있다. 외재적인 스트레스란 주어진 환경여건에 의해 발생하는 것이며, 내재적인 스트레스란 잘못된 시간 관리나 성격 등 나로 인해 발생하는 것을 의미한다.

스트레스를 발생시킨 요인을 개인이 통제할 수 있느냐에 따라 분류할 수도 있다. 직장에서 통제 가능한 스트레스는 주로 업무와 관련되어 발생하는 스트레스이다. 이는 업무관리나 시간관리 등을 통해 그 정도를 낮출 수 있을 것이다. 예컨대, 일의 양이 과도하게 증가할 때는 스스로 일을 줄이거나 한꺼번에 여러 개의 일을 하지 않도록 한다. 업무의 중요도와 긴급성에 따라 처리할 계획을 세운 후 차분하게 하나씩 처리해나가면 뭔가 진전되는 느낌과 성취감을 맛볼 수 있게 될 것이다. 시간관리는 일 처리의 능률을 높이기도 하지만 스트레스의 요인을 성취감으로 전환시키는 방법이 되기도 한다.

반면에 통제 불가능한 스트레스는 질병이나 사고, 가족문제, 금전문제 등으로 발생하는 것이므로 우리가 피해가기 어려운 것들이다. 그러나 이들 스트레스의 피해를 최소화할 수 있도록 자아관리를 통해 극복하거나, 주위의 일들을 해결하기 위해 차분히 생각하는 시간을 갖는 것이 필요하다. 성격적 요인은 내재적 요인이지만 쉽게 통제하기 어렵다.

〈표 7-3〉 스트레스의 원인 분류

스트레스의 본질		통제 가능	통제 불가능 (그러나 최소화할 수 있음)
스트레스의 원천	외재적 요인	• 한꺼번에 여러 활동 혹은 일을 하려고 함 • 스트레스를 주는 일(경쟁적, 마감일 임박, 높은 실패 가능성 등)	• 질병, 죽음, 사고 • 가족문제 • 금전문제 • 환경변화 및 문제
스트레스의 원천	내재적 요인	• 잘못된 시간관리(미루기), 조직력 부족, 업무관리능력 결여 등	• 성격적 요인 : 부정적 자기개념, 걱정, 끈기 부족, 불안, 서두름 등

(출처 : 최애경(2006), 인간관계의 이해와 실천, 무역경영사, p.258)

예컨대, 부정적 자기개념을 가지고 있어 늘 부정적인 결과를 걱정한다든지, 쉽게 마음의 안정을 찾지 못하는 성격 등으로 작은 일에도 스트레스를 크게 받는 경우이다. 이는 단기간에 쉽게 변화시키기 어렵지만, 자신의 강점을 개발하여 긍정적인 자기개념을 갖도록 하며 정서조절에 노력해야 할 것이다.

스트레스를 받는 성격적 특성*

똑같은 양의 일을 해도 어떤 사람은 스트레스를 쉽게 느끼지만 어떤 사람은 그렇지 않다. 스트레스 요인에 민감하게 반응하는 사람은 업무의 특성에 따른 정신적 영향도 크게 나타난다. 일과 관련하여 스트레스를 받는 성격 특성은 서두름, 타인우선주의, 완벽주의, 죄책감 등이 있다.

① **서두름**

서두르는 성향이 있는 사람은 스트레스를 더 받게 된다. 이런 사람들은 '빨리빨리'에 점점 더 빠져들 수 있다. 기다리는 것을 싫어하고 인내심이 없으며 스스로 쉴 틈을 찾지 않는 경향이 있다. 뭔가를 끊임없이 해야 만족을 한다. 타인에게 설명을 하거나 지시를 내릴 때 그 사람의 입장에서 자세하게 설명할 여유를 가지지 못한다. 이때, 상대방이 자신의 말을 제대로 이해 못하면 더욱 스트레스

---

* 최애경(2006), 인간관계의 이해와 실천, 무역경영사

가 가중된다.

이런 사람은 오히려 일의 속도를 늦추거나 한 박자 쉬면서 일을 할 필요가 있다. 아니면, 어떤 일을 하거나 약속시간에 갈 때도 미리 준비하여 마음의 여유를 갖도록 하는 것이 좋다.

② 타인우선주의

타인우선주의는 자신의 이익과 권리를 주장하기보다는 다른 사람을 배려하고 돕는 태도다. 하지만 너무 지나치게 타인우선주의를 생각하다가 정작 자신의 일을 제대로 못함으로써 스트레스가 생기는 경우다. 이런 스트레스는 대체로 예스맨이거나 천사표의 성격을 가진 사람들이 받게 된다. 거절을 못하고 받아준 후에 고민하는 것이다. 자신이 타인을 도와줄 수 있는 여력이 있는지 확인하고, 자신의 일이 아니거나 그 보다 중요한 자신의 일이 있을 때는 거절할 수 있는 용기가 필요하다.

③ 완벽주의

완벽주의는 자신의 작은 실수도 용납하지 못하고 어떤 일이든 완벽을 기하려는 성향이다. 소위 '만족을 못하는 사람'이 여기에 해당된다. 글씨 크기나 글씨체 등 중요하지 않은 사안에 대해서도 자신이 만족하지 않으면 그냥 넘어가질 못한다. 완벽성을 추구하는 과정에서 스트레스도 쌓이지만 시간의 효율성 측면에서도 바람직하지 않다.

이런 사람들은 다른 사람의 실수도 참지 못하고 남도 못 믿는 경우가 많다. 그래서 모든 일을 자신이 하려고 하다 보니 과중한 일로 인해서 스트레스를 받는다.

모든 일을 철저하게 한다는 것은 좋지만, 자신이 추구하는 완벽성이란 흔히 자신만의 기준으로 자기만족인 경우도 많다. 그 결과 누구도 자신을 만족시키기 어렵다. 중요한 사안이 아니라면 100%를 위해 스트레스를 받으며 시간을 투자할 것이 아니라, 적당한 수준이면 다음 일로 넘어갈 수 있어야 한다. 좀 더 부가가치 높은 일에 시간을 투자하는 것이 효율적인 업무관리를 위해 바람직하다.

④ 죄책감

죄책감은 모든 일의 잘못을 자신의 탓으로 돌리는 성향이다. 다른 사람들과 같이 일을 진행했는데 결과가 안 좋은 경우, 죄책감 때문에 강한 스트레스를 받는 사람이 있다. 이런 사람은 어떠한 결과에 대하여 자신이 열심히 하지 못해서 혹은 자신의 능력이 부족한 탓이라고 생각하고 과거의 일을 후회하거나 미래에 대해 걱정을 하면서 스트레스를 가중시킨다.

이런 죄책감은 아무에게도 도움이 안 된다. 최선을 다한 후의 결과에 대해 담담히 받아들이고, 경험의 가치를 생각하면서 좋은 경험으로 여기는 여유가 필요하다.

업무관리를 통한 스트레스 감소

어떤 직업이든 직장인에게는 일을 맡는다는 것 자체가 크든 작든 스트레스를 주기 마련이다. 모든 업무는 어느 정도의 난이도를 가지고 있고 시간과 자원은 한정되어 있으며, 타인과의 상호작용을 통해 업무가 진행되므로 늘 갈등의 소지가 있다. 그러나 앞서 언급한 대로 업무로 인해 발생하는 대부분의 스트레스는 스스로 통제 가능한 경우가 많다. 업무라는 것이 자신의 권한으로 모두 다룰 수 있는 것은 아니지만, 노력에 따라 업무로 인한 스트레스를 감소시킬 수 있다. 그 대표적인 방법으로는 역할의 명확화, 업무량 축소, 효과적인 시간관리 등을 들 수 있다.

역할의 명확화

우리는 자신의 역할이나 일이 명확하지 않을 때 스트레스를 느낀다. 해야 할 역할이 명확하지 않아서 뭘 해야 하는지 모호한 것을 역할 모호성이라고 한다. 일 자체와 수행과정에서 스트레스를 받기도 하지만, 역할모호성은 일과 관련해서 발생하는 스트레스의 주된 원인 가운데 하나이다. 상사로부터 업무가 주어질 때 지시가 명확하지 않거나 업무의 초점과 목표에 대한 이해가 부족할 때 업무모호성이 발생할 수 있다. 이런 경우에는 분명히 이해가 될 때까지 업무의 내용, 초점, 기한 등에 대해 자신이 이해한 내용이 맞는지 확인 질문을 하고, 상대방의 동의를 얻은 후 착수하는 것이 좋다. 예컨대, 내일까지 검토를 해보라고 했다면 '검토'의 의미가 무엇인지 확인하는 것이다. 단지 의견만을 묻는 것인지, 아니면 수정해서 마무리를 하라는 뜻인지 명확하게 확인하지 않으면 곤란한 일이 발생할 수도 있다. 내일의 의미 역시 내일 몇 시까지인지 확인해야 한다.

업무량 축소

스트레스를 주는 일 가운데 중요도가 떨어지는 일을 줄이거나 개선하는 것이 필요하다. 현재 하는 일들 가운데 자신의 능력이나 유용 시간을 고려했을 때 벅찬 일, 자신의 권한 밖의 일에 대해서는 과감히 거부하는 용기가 필요하다.

한 번에 여러 일을 동시에 처리하는 멀티태스킹(multi-tasking)도 바람직하지 않다. 멀티태스킹은 뇌 속에서 스트레스 호르몬의 일종인 코르티솔의 분비를 촉진하는 것으로 알려져 있다. 멀티태스킹을 할 경우, 업무의 질도 떨어지고 실수도 더 자주 하기 되기 때문에 스트레스를 많이 받게 된다.

효과적인 시간관리

일 자체는 어렵지 않지만 정해진 시간 내에 처리해야 한다는 압박감에서 스트레스가 발생할 수 있다. 이런 경우 다음과 같은 효과적인 시간관리가 필요하다.

- 뚜렷한 목표를 설정한다.
- 중요한 일과 덜 중요한 일, 시급한 일과 덜 시급한 일을 구분한 후, 덜 중요한 일이나 덜 시급한 일에 할애하는 시간을 줄인다.
- 걱정하고 망설이지 말고 일단 행동을 취한다.

자아를 통한 스트레스 관리

스트레스의 원인을 생각해본다

스트레스의 원인을 생각해보면 흔히 별거 아닌 것 때문에 스트레스를 받는다는 것을 깨달게 될 수 있다. 스트레스의 원인이 내가 해결할 수 있는 것이라면 직접 해결하면 된다. 스트레스로 인해 힘들어하지 말고 스트레스에 낭비하는 에너지를 해결하는데 쏟도록 하자.

쉽게 해결하기 어려운 경우라면 자기 자신에게 이렇게 물어보자. 과연 그것이 이렇게 스트레스를 받을만한 가치가 있을까? "사소한 일에 목숨 걸지 말라"라는 말이 있다. 사소한 일에 집착하면서 에너지를 낭비하면 나만 손해다.

긍정적인 독백과 생각을 하도록 노력한다

스트레스를 줄이기 위해서는 마음을 편하게 하는 것이 중요하다. 지나치게 예민해지는 경우 스트레스가 발생한다. 예를 들어, 집중이 안 되고 할 일이 점점 많아진다고 그것을 만회하기 위해 휴식도 없이 매달리는 경우가 많은데, 결국 시간 낭비와 심신의 피로만 초래할 뿐이다.

웃음은 스트레스를 해소하는 감초 역할을 한다

우리는 웃음이 스트레스를 완화시켜 준다는 사실을 알고 있으면서도 잘 웃지 않는다. 일부러 웃기만 해도 에어로빅을 하는 것처럼 심장박동수와 혈압이 올라가는 효과가 있으며 긴장이 풀린다. 이는 명상의 효과와도 같다.

운동을 한다

운동을 하면 괴로운 마음에서 벗어나 고통이 줄어들고 기분이 좋아진다는 연구 결과가 많다. 운동을 하는 순간에는 괴로운 마음이 모두 사라지고 오직 운동을 하는 데 집중하게 된다. 운동이 끝난 후에는 몸과 마음에 이완작용이 생겨서 새로운 집중력이 생길 수 있다.

엔돌핀을 분비시켜 스트레스를 희석시킨다

스트레스를 희석시킨다는 말은 스트레스 호르몬을 상쇄시킨다는 말이다. 가장 좋은 방법은 생리적인 보상시스템을 작동하는 방법이다. 예컨대, 행복호르몬인 엔돌핀이 분비되도록 하는 일이다. 이 방법은 쉽게 실천할 수 있다는 장점이 있다. 엔돌핀은 자신 좋아하는 일을 하거나 자신에게 좋은 일을 할 때 언제든지 분비되기 때문이다. 맛있는 음식, 음악회, 카페에 앉아 보내는 시간, 쇼핑 등 엔돌핀 분비를 촉진하는 방법은 수없이 많다.

스스로 선택하면 스트레스가 감소된다

똑같은 일을 하면서도 내 마음대로 할 수 없는 상황에서는 스트레스를 더 받는다. 고속버스에서 흘러나오는 음악은 소음처럼 느껴진다. 내가 선택한 행동이 아니기 때문이다. 까다로운 고객 때문에 화가 나도 고객 앞에서 화를 낼 수는 없을 것이다. 그래서 화를 참을 수밖에 없고 스트레스를 받는다. 그러나 화를 낼 수도 있지만 화를 안 내기로 내가 선택했다고 하자. 이렇게 화를 참는 것을 선택했다고 생각하는 사람은 스트레스를 덜 받게 된다.

통제감의 상실은 심리적 스트레스뿐만 아니라 신체적인 질병의 회복에도 영향을 미친다. 예컨대, 유방암환자를 대상으로 한 조사에서 암을 극복할 수 있다고 믿는 환자들은 71%가 생존했지만 절망감에 빠져 포기했던 환자는 19%만이 살아남았다고 한다.

핵심 point!

스트레스는 외적인 요인보다는 내적인 요인에 의해 발생된다는 것이 학자들의 통념이다. 즉, 스트레스의 진정한 원인은 외적인 경험에 대하는 심리태도라는 것이다.

organization

실습

스트레스 관리

최근 경험한 스트레스의 원인을 작성한 후 관리방안에 대해 생각해 보자.

스트레스 원인	관리방안
예) 업무가 한꺼번에 닥쳐 정신이 없다.	시간관리를 하면서 중요하지 않은 일은 적절한 수준에서 마무리한다.
1.	
2.	
3.	

제8장

대인관리 - 의사소통

액션러닝으로 배우는 **성공적인 조직생활 전략**

제8장

대인관리 — 의사소통

organization 1

의사소통의 중요성

회사의 경영자는 업무시간의 80% 이상을 의사소통에 소비한다고 한다. 업무목표와 관련된 지시, 정보교류, 구성원들과의 상호작용, 동기부여 등의 주요 역할들은 모두 의사소통에 의해 이루어진다. 따라서 조직에서 리더십이 얼마나 효과적으로 발휘되느냐는 리더의 의사소통 역량에 달려있다고 할 수 있다.

인간관계는 상호 의사소통에 의해 형성되고 발전된다는 점에서 의사소통은 대인관계의 기초인 동시에 상호이해를 촉진하기 위한 가장 기본적인 수단이다. 대인관계가 원만하다는 것은 의사소통역량이 뛰어나다는 말과 같다. 인간관계에서 발생하는 대부분의 문제는 의사소통이 제대로 이루어지지 못해서 발생한다.

의사소통은 사실전달, 의미전달, 감정전달의 세 가지 기능을 가진다. 오늘날 사실전달을 위한 의사소통 수단은 상당히 많아졌다. 사람들이 늘 들고 다니는 휴대전화로 언제든 타인과 통화가 가능할 뿐 아니라, 이메일, 문자, SNS 등 정보통신을 이용하여 신속히 사실을 주고받을 수 있다.

그러나 의사소통 수단이 많아졌다고 의사소통이 예전보다 효과적 또는 정확히 이루어졌다고는 볼 수 없을 것이다. 사실을 전달하는 데 성공했다고 해도 그 의미와 감정은 정확히 전달되지 않을 수 있다. 같은 사실이라도 의미나 감정이 전혀 다르게 전달될 수 있다. 똑같은 말을 해도 어떤 맥락에서 했느냐에 따라 전혀 다른 의미를 가진다. 그래서 흔히 이런 경우가 발생한다. "오해야. 난 그런 뜻으로 말한 것이 아닌데…" 한 사람만 건너도 내 말이 전혀 다르게 왜곡되어 제3자에게 전달되기도 한다. 말이 전달과는 상황이나 문화적 가치관 등의 차이로 인해 본래의 의도와는 다르게 해석될 수도 있다. 직접대면을 하지 않아도 의사소통이 가능하기 때문에 오늘날의 다양한 의사소통 수단이 오히려 의사소통의 충실한 기능을 방해하고 있는지도 모른다.

의사소통을 잘한다는 것은 상당히 어려운 일이다. 단지 말을 잘한다는 것이 아니다. 사실 전달 과정에서도 여러 가지 장애물들이 훼방을 놓는다. 경청하고 싶지 않은 심리적 저항, 자신의 성향에 맞는 얘기만 들리는 자기중심적 사고, 상대방에 대한 편견으로 인한 왜곡된 해석 등 감정은 물론 객관적인 사실도 정확하게 상대방에게 전달하기 쉽지 않다.

우리는 다른 사람이 던진 말에 의해 상처를 받는 경우가 있다. 그럴 때 우리는 이렇게 생각한다. "사람이 참 말을 싸가지 없이 말하는군." 그런데 우리가 알아야 할 사실은, 대부분의 사람은 표현능력이 떨어진다는 것이다. 상대방이 정말 마음이 싸가지가 없어서 그런 말을 한 것이 아니라 의미 전달을 정확하게 할 표현 능력이 떨어지기 때문인 것이다. 그러니 이런 경우에는 그 말을 그 사람의 나쁜 의도로 생각하기보다 표현 능력이 부족한 탓으로 돌리는 편이 나을 것이다. 사실 우리 자신도 우리의 미숙한 표현능력으로 다른 사람에게 상처를 준 적이 적지 않았음을 기억할 필요가 있다.

언어적 의사소통과 비언어적 의사소통

의사소통은 언어적 의사소통과 비언어적 의사소통으로 구분된다. 언어적 의사소통은 말이나 문서 등 언어를 이용한 의사소통이다. 말은 자신의 생각을 전달하고 상대방의 피드백과 반응을 얻어내는 과정이 즉각적으로 이루어지는 장점이 있다. 단, 한번 내뱉은 말은 도로 주어 담을 수 없기 때문에 보다 신중하게 잘 전달하는 것이 필요하다. 대화를 통해 상대방과 상호작용을 할 때는 듣는 자세도 매우 중요하다.

편지나 이메일, 보고서, 공문서 등 문서를 통한 의사소통은 말에 비해 보다 정제된 상태로 전달되므로 비교적 정확한 표현이 가능하다. 그러나 기록으로 남는다는 점에서 더욱 주의가 필요하다. 특히 직장에서 문서나 이메일을 작성할 때는 의도한 바와 다르게 해석될 수 있거나 명확하지 않은 경우 책임의 문제가 발생할 수도 있다. 대인관계에서 글에 의한 의사소통은 상대방의 표정을 볼 수 없기 때문에 맥락 없이 해석하는 과정에서 오해가 발생할 수도 있다.

비언어적 의사소통이란 언어를 이용하지 않고 메시지를 전달하는 의사소통이다. 교통신호, 사이렌, 좌석의 배치 등은 물리적, 상징적 의미를 가진다. 예컨대, 회의실에 들어갔을 때 앉은 위치만 봐도 그 사람의 지위를 가름할 수 있다. 음식점에서도 상석을 두고 서로 양보하는 광경을 흔히 볼 수 있다. 강의실에 들어가면 학생들이 앉아 있는 위치는 바로 그 학생의 수업에 대한 심리적 태도와 동기를 잘 보여준다.

언어적 의사소통 언어를 이용한 의사소통

- 구두 의사소통 : 직접적인 말을 통한 정보의 교환이나 메시지의 전달, 효율성, 즉각성
- 문서 의사소통 : 문서를 통한 의사소통(편지, 보고서, 사보, 매뉴얼 등), 언어표현의 정확성, 메시지 내용의 기록

비언어적 의사소통 구두 혹은 문서화된 언어를 이용하지 않고 메시지를 전달하는 의사소통

- 물리적, 상징적 언어 : 교통신호, 사이렌, 지위상징, 사무실의 크기, 좌석의 배치
- 신체적 언어 : 안색, 자세, 눈의 움직임

대인관계에서는 안색, 자세, 눈의 움직임과 같은 신체적 언어가 매우 큰 영향을 미친다. 한마디의 말도 다른 사람에게 하지 않고도 자신의 감정과 태도를 나타낼 수 있다. 신체언어는 언어적 메시지보다 더 믿을만한 경우가 많다.

각 메시지 수단별 메시지의 영향력을 살펴보자. 〈그림 8-1〉을 보면, 오히려 언어에 의한 메시지보다 비언어적 메시지의 영향이 크다는 것을 알 수 있다. 의사소통에 있어서 메시지 전달의 효과를 보면 태도가 55%, 전달방법(목소리 톤, 말투)이 38%, 내용은 7%에 불과할 정도로 태도 및 전달 방법이 중요하다. 어떤 여자가 온화한 표정으로 남자 어깨에 기대면서, "오빠 미워'라고 말한다면, 정말 미워하는 것은 아닐 것이다. 우리는 상대방의 말이 진심인지 아닌지를 판단할 때 그 사람의 눈빛에 주목하는 이유도 눈빛이 메시지를 올바로 해석하는 데 상당한 영향을 미치기 때문이다.

〈그림 8-1〉 메시지 수단별 영향력

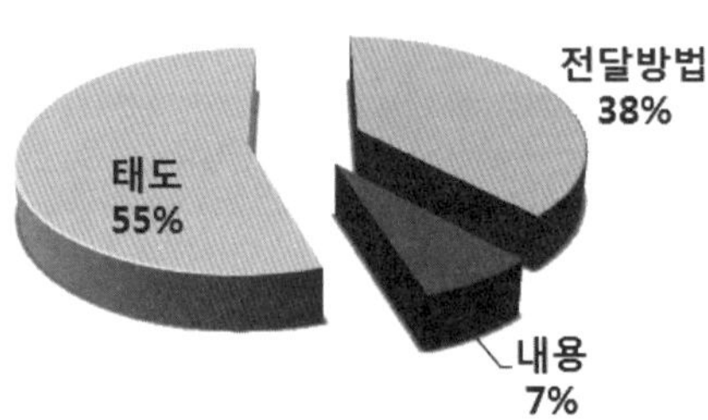

(출처 : Stephen R. Covey 저, 김경섭 옮김, 김영출판사, 2003, p.122)

내가 학생 시절 어느 교수는 나를 맞이하며 악수를 할 때 반드시 다른 손으로 내 팔을 잡으면서 악수를 했다. 간단한 차이였지만, 느낌은 큰 차이였다. "이 교수님께서 나를 진심으로 맞이하신다"는 메시지처럼 느껴졌다. 이처럼 비언어적 메시지는 언어와 달리 명확하지 않지만 메시지의 영향력은 종종 크게 작용한다.

그런데 비언어적 의사소통은 문화적 맥락에 따라 전혀 다른 의미를 가지고 있다. 예컨대, 우리나라에서는 어른이 야단칠 때 아이는 반성의 의미로 고개를 숙이고 있어야 하지만 서양에서는 정반대다. 내가 미국에 있을 때 어느 아이가 부모로부터 야단을 맞는 동안 눈을 쳐다보지 않았다고 지적을 받는 것을 보았다. 눈을 바라보는 태도에 대한 해석이 우리와 다른 것이다. 동양과 달리 서양에서는 대화를 할 때 제스처와 같이 비언어적 메시지를 활용하는 데 적극적이다. 언어와 함께 비언어적 수단을 이용해 자신의 생각을 명확하고 적극적으로 표현하려는 것이다.

따라서 의사소통을 효과적으로 하기 위해서는 비언어적 전달 측면에 대해 보다 주의를 기울일 필요가 있다. 자신의 메시지가 더욱 설득력을 가질 수도 있고 진정성이 보일 수도 있다. 반대로 무심코 보인 태도로 인해 상대방이 오해를 할 수도 있을 것이다.

경청

의사소통을 위한 가장 기본적이면서도 강력한 수단은 경청이다. 경청은 단지 상대방의 말을 듣기만 하는 소극적이고 수동적인 행위가 아니다. 우리 자신의 관심과 욕구와 편견을 한쪽으로 밀어놓고 상대방을 진정으로 이해하고 공감하겠다는 의지의 표현이며, 상대방이 말하고자 하는 모든 메시지에 반응하는 매우 적극적인 과정이다. 따라서 경청은 상대방과의 원활한 의사소통을 위한 중요한 자세이며 기술이다.

다른 사람의 말을 주의 깊게 듣는 경청 자세는 참으로 중요하다. 우선 스스로 많은 것을 배울 수 있고 자신이 독단에 빠지지 않도록 경계해주는 계기가 될 수 있다. 여기에 더해 상대방을 '존중'하고 있다는 모습을 보여줌으로써 신뢰를 얻을 수도 있다.

그러나 경청은 쉽지 않다. 때로는 듣고 싶지 않거나 인정하기 싫은 말을 상대방이 하기도 하고, 때로는 끝까지 듣기 지루하기도 하다. 인간은 주어진 정보 중 자신의 성향에 맞는 67%의 정보만을 받아들인다고 한다. 자신이 듣고 싶은 않은 말은 걸러내는 것이다. 또는 자신의 성향에 맞게 상대방의 말의 의미를 왜곡시켜 해석하기도 한다. 경청이란 것은 이러한 심리적 장애물을 넘어서야 하는 것이니 단순한 태도의 문제가 아니고 역량인 것이다.

많은 사람들은 다른 사람의 의견에 귀를 막고 있다. 경청을 실천하는 대표적인 리더로는 빌 게이츠 회장을 들 수 있다. 빌 게이츠 회장이 남의 얘기를 들으면서, 얘기하는 사람이 신나게끔 부추겨주는 트레이드마크 같은 말이 있다.

"Really? Excellent! And then what happened?"
(정말요? 훌륭하네요. 그래서 어떻게 되었나요?)

많은 리더들이 보통 자기 말만 하고 남의 말은 잘 안 들으려고 하는데 빌 게이츠는 다르다. 그는 남의 말을 경청하면서 많은 것을 흡수하려고 노력한다.

경청을 위해서는 다음과 같은 네 가지 기술이 필요하다.

바꾸어 말하기

바꾸어 말하기란 상대방이 방금 이야기했다고 생각하는 것을 자신의 단어로 진술하는 것을 의미한다. 바꾸어 말하기를 할 때 우리는 다른 사람의 의미를 이해하려고 노력하게 되며, 듣는 사람이 상대방의 말을 확실히 이해하려고 노력하고 있다는 것을 전달하게 한다.

예 : "그러니까 네 생각으로는……"
"바꿔 말한다면……"
"그러니까 문제는…… 이군요."

명료화하기

명료화는 바꾸어 말하기와 동시에 이루어질 수 있다. 명료화는 모호한 내용을 질문을 통해 분명하게 함으로써 상대방이 말한 의미를 분명하게 확인하고자 하는 것이다. 우리가 자주 사용하는 말이라도 상황에 따라 다른 의미를 가지는 경우가 있어 오해를 하는 경우가 있다. 이때 명료화는 대화의 내용과 초점을 뚜렷하게 해주고, 상대방에게 자신이 흥미를 가지고 있음을 알려준다.

단, 명료화를 요청하는 말은 상대방이 기분 상하지 않게 부드러워야 한다. 잘못 알아들은 것은 상대방이 말을 제대로 못했기보다는 듣는 사람의 부주의에서 오는 경우가 많다.

예 : "어떤 점이 좋은데?"
"그런데 넌 어떻게 했는데?"
"그게 무슨 뜻이지?"

피드백

지금까지는 바꾸어 말하기와 명료화를 통해 상대방의 말을 이해했다. 이제는 자신의 반응을 보일 차례이다. 비판이나 판단을 내리지 않으면서도 자신의 생각이나 느낌, 감각을 공유해야 한다.

그래서 피드백은 공격적이어선 안 되고 지지적이어야 한다. 예컨대, "내 생각에는 그 사람에게만 잘못이 있는 것 같지 않아"라는 말이 "너도 잘못한 것이 많아"라는 것보다 더 지지적이다. 가수가 되겠다는 친구에게 "정신 차려라. 그게 아무나 되는 일이냐?"라고 하기 보다는 "현실적으로 극복해야 할 장애가 너무 많을 것 같아. 난 네가 힘든 시간만 보내다가 아까운 세월을 놓치게 될까 걱정이야"라고 말하는 것이 바람직하다.

공감하기

대화를 부드럽게 이끌기 위해서는 상대방의 입장에 서서 생각하는 것이 필요하다. 나의 입장에서 벗어나 그 사람의 입장에서 보면 왜 상대방이 그런 말과 행동을 했는지 이해할 수 있다. 공감하기는 상대방의 말을 들으면서 말 속에 담겨있는 기분이나 감정을 그의 입장에서 이해하고 받아들이는 것이다.

상대방의 감정을 이해하기 위해서는 무엇보다도 상대방이 당면하고 있는 문제에 대해 스스로 어떻게 생각하는지에 대해서 주의깊게 들어주어야 한다. 그 다음, 그의 감정과 상황을 잘 이해하고 있다는 점을 적절한 말로 그에게 전달해주어야 한다.

예 : "~하다니 어려움이 많으셨겠군요."
"걱정이 많으시겠군요."
"와, 재미 있었겠다"

물리적 환경 요인

공간

원활한 의사소통을 위해서는 물리적 환경도 고려할 필요가 있다. 공간도 일종의 언어다. 언어가 단순한 의사전달의 수단을 넘어 사고를 형성하는 중요한 요소인 것처럼 공간의 구성도 단순 배치에 머물지 않고 그 구도로 인해 의사소통에 영향을 주는 구조적 환경이다.

의사소통의 공간은 사회구심적 공간과 사회원심적 공간으로 구분된다. 사회구심적 공간은 사람들을 한데 모으는 경향이 있는 공간을 말한다. 예컨대, 프랑스 노천 카페의 테이블이 바로 사회구심적 공간이다. 사회원심적 공간은 사람들을 서로 떼어놓는 경향이 있는 공간으로서, 철도나 공항에 있는 대합실이 대표적인 예이다.

우리가 다른 사람과 얘기를 하고 싶을 때 어떤 형태의 공간에서 대화를 하기 편할까? 사회구심적 공간에서는 사람들간의 눈 맞춤이 쉽다. 이러한 공간에서는 서로가 상대방을 쳐다보며 서로의 대화를 주고받는 것이 쉽기 때문에 상호작용이 촉진된다. 반면, 사회원심적 공간은 사람들간의 눈 맞춤을 방해하여 대화를 나누기 어렵게 만든다. 즉, 공간의 형태가 의사소통을 촉진할 수도 방해할 수도 있다.

예컨대, 일반적인 교실의 구조를 생각해보자. 모두가 앞을 향한 이런 원심적 교실구조는 자유로운 토의를 촉진시키기 어렵다. 학생들의 적극적인 의견표현과 상호작용을 촉진시키기 위해서는 교실구조가 구심적으로 형성되어야 하는 것이다.

대인관계에서도 마찬가지다. 상대방과의 효과적인 의사소통을 위해서는 이러한 공간적 요인을 잘 활용할 필요가 있다. 즉, 지금 나와 상대방의 공간 구조가 소통을 촉진하는지, 아니면 방해하는지에 대해서도 주의를 가져야 할 것이다.

거리

대부분의 동물들은 자신만의 공간적 영역을 확보하려는 본능이 있으며 나름대로 영역을 표시하여 다른 동물이 침입하면 공격한다.

마찬가지로 인간도 거리에 대한 의식이 있다. 홀(E. Hall)에 의하면, 거리에 따른 관계는 다음과 같이 구분된다.

- **친밀한 거리(0~45cm)** : 사랑하는 연인이나 아이를 돌보는 어머니 등 감정적으로 가까운 사람들에게만 허용되는 거리
- **개인적인 거리(45cm~1.2m)** : 친구, 가족, 동료와 같은 사람들과 서로 친밀하게 대화를 나룰 수 있는 거리
- **사회적 거리(1.2m~ 3.6m)** : 공식적인 업무상으로 만날 때의 거리
- **공적 거리(3.6m 이상)** : 공식적인 모임에서 청중 앞에서 큰 목소리로 강의하는 거리

우리는 심리적으로 가까운 사람과는 물리적으로도 가깝다. 그러나 어렵고 낯선 사람이 너무 가까이 다가오면 불편하다. 이처럼 물리적 거리는 상대방과의 친밀감이나 관계를 표현하는 공간적 수단이다.

이러한 물리적 거리는 문화적으로도 차이가 있어 간혹 오해가 빚어지기도 한다. 예를 들면, 아랍인이나 남미인들은 개인적 거리가 매우 가까우나 아시아인이나 북유럽인들은 떨어져서 대화하는 경향이 있다. 그래서 우리나라 사람들은 거리를 지나가다 다른 사람들과 몸이 부딪혀도 별 반응을 보이지 않지만 서양 사람들은 조

금만 몸에 닿아도 미안하다고 말한다. 그들은 자신의 공간을 침해받지 않으려고 한다.

친한 사이인데도 너무 멀리 떨어져있지 않은지? 반대로 부담이 될 정도로 상대방 가까이 다가서 있지 않은지? 낯선 사람에게 양해를 구하지도 않은 채 개인적 거리에 들어가지 않았는지 생각해볼 필요가 있을 것이다.

상대방과의 관계에 따라 적절한 거리를 고려하면서 상대방에게 친밀감을 표현하거나 상대방에게 편한 대화분위기를 조성하는 것도 효과적인 의사소통을 위해 중요하다.

핵심 point!

- "사람을 움직이는 힘은 입이 아니라 귀에서 나온다."
- "가장 효과적인 의사소통 도구는 마음이다. 화술도 중요하고 메시지도 중요하고 전달방법도 중요하다. 그러나 상대방의 마음에 와 닿지 않는 메시지는 일방적일 뿐이다.

경청 기술 진단

다음 행동들은 적극적 경청과 관련된 내용이다. 자신에게 해당되는 정도를 측정해보자.

전혀 = 1
거의 안한다 = 2
가끔 그렇다 = 3
대부분 그렇다 = 4
항상 그렇다 = 5

다른 사람과 대화를 할 때,

1. 다른 사람의 견해를 이해하려고 한다.
2. 자신의 생각을 일단 보류한다.
3. 그 사람에게 주의를 집중한다.
4. 대부분의 시간을 말하기보다는 듣는데 보낸다.
5. 정확히 이해했는지를 확인하기 위해 질문을 던지기도 한다.
6. 이해받기 전에 이해하려고 노력한다.
7. 주변에 잡념을 일으킬만한 것들(전화, 신문, 다른 사람들의 대화 등)은 무시한다.
8. 이야기 도중에 시계를 보지 않는다.

9. 적절한 보디랭귀지(웃음, 끄덕거림, 제스처 등)를 사용한다.
10. 내가 제대로 이해했는지 확인하기 위해 알기 쉽게 말을 바꾸어 말해보기도 한다.
11. 듣는 도중에는 어떻게 반응할 것인지에 대해 생각하지 않는다.
12. 상대방의 말이 끝난 후에야 말한다.
13. 대화중에는 그 사람에 대해 판단하지 않는다.
14. 말하려는 조바심이 없다.

점수 합산 후 다음과 같이 진단할 수 있다.

- 56점 이상 : 훌륭한 경청자
- 42~55점 : 좋은 경청자
- 41점 이하 : 말하기보다는 듣는 연습이 필요

실습

경청 연습

평소에 가깝지만 대화의 기회가 많지 않은 한 사람을 지정해서 15분간 경청의 기술을 활용해 대화를 해본다. 무엇을 느꼈는가?

제9장

대인관리 - 대인매력

제9장

대인관리 — 대인매력

칭찬과 인정

칭찬이 어색한 사람들

남들로부터 인정받고 싶은 욕구는 우리 인간이 가지고 있는 기본 욕구 가운데 하나이다. 칭찬을 받으면 기분이 좋아지는 이유도 내가 인정받았다는 느낌 때문이다. 칭찬은 나의 존재 이유를 말해주는 것이다.

그러나 우리는 칭찬을 자주 하지 않는다. 칭찬을 하려고 해도 어떻게 칭찬해야 할지 모르겠다는 사람들도 많다. 칭찬을 하려니 오물거린다는 사람도 있다. 칭찬을 못하는 사람은 다른 사람으로부터 칭찬을 받는 것을 어색해하고 불편해한다. 워크숍에서 릴레이 형식으로 '팀원 칭찬하기'를 실습해보면, "멋있어요.", "예뻐요.", "인상이 좋아요." 이상의 말을 덧붙이지 못하는 사람도 많다.

그런데 우리가 보기에 툭하면 "땡큐"를 연발하는 서양 사람들도 칭찬과 인정받고 싶은 욕구는 우리와 큰 차이 없어 보인다. 미국인을 대상으로 한 어느 설문 조사에 의하면 종업원들이 원하는 가장 큰 인센티브 5가지 가운데 3가지가 (1) "고맙다"는 상사의 말, (2) "고맙다"는 상사의 메모, (3) 공개적인 칭찬 등 인정과 칭찬에 대한 것들이었다고 한다.

사람들은 왜 칭찬에 인색한 걸까? 다른 사람을 칭찬하면 자신의 권위가 떨어지는 것으로 착각하거나 나를 우습게 생각할 것이라는 믿음을 갖는 사람이 있다. 칭찬은 상대방이 자신보다 우위에 있다는 말이 아니다. 오히려 상대방을 칭찬할 수 있다는 것은 자신의 자신감과 여유를 보여주는 것이다. 남을 칭찬하기 위해서는 자신이 심리적으로 여유가 필요하기 때문이다. 여유가 없는 근무환경에서 일하는 사람은 다른 사람을 칭찬할 여유가 없다.

칭찬의 힘

우리는 누구나 칭찬해주는 사람을 좋아한다. 그 칭찬이 진실이 아니라고 믿는 경우에도 칭찬하는 사람에 대해서 우리는 호감을 갖게 된다. 아부가 통하는 이유도 여기에 있다.

내가 다른 사람에게 호감을 주고 싶다면 그 사람을 칭찬해주면

되는 것이다. 카네기는 사람들이 나를 즉시 좋아하게 만드는 방법은 바로 칭찬이라고 말한다. 만약 다른 사람을 칭찬했는데 그 사람으로부터 호감을 얻는데 도움이 되지 않았다면 칭찬의 방법이 잘못된 탓이다.

흥미로운 사실은, 여자보다 남자가 칭찬에 약하다고 한다. 여자들은 남자들에게 비해 칭찬을 자주 한다. 여자들이 친구들과 만나 서로의 옷차림이나 머리 스타일 등에 대해 칭찬하는 모습을 흔히 볼 수 있다. 그래서 여자들의 경우 칭찬의 효과는 하루밖에 가지 않는다고 한다. 반면, 남자들이 친구들끼리 만나 서로를 칭찬하는 일은 흔치 않다. 어쩌다 듣는 칭찬이니 효과가 클 수밖에 없을 것이다. 『톰소여의 모험』의 작가인 마크 트웨인은 "한번 칭찬을 들으면 두 달은 즐겁다"고 말하기도 하였다.

칭찬은 원만한 관계를 유지시키는 활력소이다. 부부사이 유지를 위한 마법의 비율이란 것이 있다. 부부상담 전문가인 존 고트먼(John Gottman)은 오랫동안 부부관계를 유지하려면 긍정적인 말을 부정적인 말보다 다섯 배 정도는 더 해야 한다고 주장한다. 이것이 마법의 비율이다. 700쌍 이상의 부부를 관찰하였더니 금슬이 좋은 부부들은 다른 부부들에 비해 비난이나 무시하는 말보다는 상대방에게 격려나 칭찬과 같은 긍정적인 표현을 적어도 다섯 배 이상 하는 것으로 나타났다는 것이다.

칭찬의 전염성을 보여주는 실험이 있었다. 미국 홀린스 대학에서 캠퍼스를 걷는 여학생들 중 파란색 옷을 입은 학생에게만 "잘 어울리는데요" 하는 칭찬을 일정 기간 동안 했다. 그 결과, 실험 전에는 25%가 파란색 옷을 입었었는데 실험 후에는 38%까지 파란 옷을 입은 학생이 늘어났다고 한다. 칭찬을 받고 싶은 마음에 옷 색깔도 변하는 것이다.

칭찬은 사람의 인생을 바꿔놓을 수도 있다. 박지성의 인생을 바꾼 히딩크의 한마디.

> "박지성 선수는 정신력이 훌륭하다네요. 그런 정신력이면 반드시 훌륭한 선수가 될 것이라고 말씀하십니다. 절대 포기하지 말라구요."

이 한마디로 박지성은 자신감을 가지고 경기를 할 수 있게 되었고 히딩크의 예언대로 훌륭한 선수로 성장하였다. 그래서 칭찬은 최고의 동기유발 기술이다. 칭찬은 고래도 춤추게 한다고 하지 않았는가?

레이건 전 대통령의 연설원고 담당이었던 페기누난(Peggy Noonan)은 자신의 원고 초안에 'Excellent'라는 레이건의 칭찬 메모를 보자 이를 오려서 가슴에 붙이고 다녔다고 한다. 인정받고 싶어 하는 것은 사람의 본능이다. 이처럼 작은 것일지라도 다른 사람이 노력한 결과에 대해 인정하고 칭찬해주는 것은 커다란 힘이 된다.

칭찬의 기술

칭찬에도 기술이 필요하다. 어설픈 칭찬은 아무런 감흥도 없는 아부처럼 들릴 수도 있다. 다음과 같이 칭찬을 하면 칭찬의 효과가 더욱 커질 것이다.

구체적으로 한다

구체적으로 칭찬을 해야 칭찬에 대한 신뢰성을 줄 수 있다. 모호하고 추상적인 칭찬에 비해 구체적이고 분명한 칭찬이 상대의 마음을 움직인다. "자네는 괜찮은 사람이야" 보다는 "자네의 기안문은 간결하고 설득력이 있어"라고 칭찬하는 것이 더 효과적이다. "넌 참 좋은 사람이야"라는 칭찬보다는, "어제 너 거리에서 몸이 불편한 사람 배려하는 거 보고 감동받았어." 등과 같은 칭찬이 상대방을 더욱 기쁘게 해준다. 왜 그럴까? 그 이유는 근거가 분명하여 자신도 납득할 수 있기 때문이다. 근거가 없어 보이는 칭찬은 그냥 입에 발린 말처럼 들릴 수 있다.

칭찬을 구체적으로 하기 위해서는 긍정적 관심이 필요하다. 평소에 상대방의 모습을 잘 관찰하고 칭찬거리를 찾도록 노력해야 한다. 관심을 가지면 누구든 칭찬할 수 있는 부분은 널려있다.

남 앞이나 제3자에게 칭찬한다

사람은 누구나 자기를 자랑하고 남들로부터 인정받고 싶어한다. 단지 어색하고 쑥스러워서, 속보일까봐 자제할 뿐이다. 스스로 칭찬하면 호감도만 떨어질 것이다.

사람의 이런 욕구를 충족시켜주는 방법이 상대방을 남 앞에서 칭찬을 하거나 제3자에게 간접적으로 칭찬 하는 것이다. 이런 칭찬 방식은 상대방의 자랑하고 싶은 욕심과 칭찬받는 기쁨 두 가지를 모두 충족시켜줄 수 있다.

칭찬을 남 앞에서 해주면 칭찬은 한사람이 아닌 복수의 사람으로부터 받게 되는 것이니 더욱 기분이 좋다. 나만의 생각이 아니라 다른 사람에게도 알리고 확인시키는 것이니 객관적 사실처럼 들린다. 따라서 칭찬의 설득력이 더욱 높아지게 되는 것이다. 남들 앞에서 직접 해도 좋지만, 당사자가 없는 자리에서 제3자에게 칭찬을 해도 좋다. 그 말이 언젠가는 그 사람 귀에 들어간다. “영식이가 그러는데 너 일 마무리를 잘한다고 하더라. 믿음직스럽데” 아마도 많은 사람이 이런 식의 칭찬을 기다릴지 모른다. 누군가가 이런 식으로 당신을 칭찬한다고 생각하면 그 느낌을 알 수 있을 것이다. 바로 당신이 그 기회를 잡으면 당신에 대한 그 사람의 호감도도 급상승될 것이다.

제3자로부터 칭찬을 들으면 자신을 대신해 칭찬을 전달하는 사람으로부터도 칭찬을 받게 되는 셈이다. 당사자 앞에서 들린 칭찬은 단순한 사탕발림처럼 들릴 수 있지만, 제3자로부터 듣는 칭찬은 진심으로 느껴진다.

사소한 것을 칭찬한다

잘생긴 사람에게 “잘생겼다”와 같은 당연한 칭찬은 그다지 효과가 없다. 아마 그런 칭찬을 받을만한 사람은 이미 많은 사람들에게 들었을 것이니 칭찬을 한 사람에게 특별한 고마움을 느끼지 않을 것이다.

칭찬은 거창한 것에 대해서만 하는 것이 아니다. 남들이 미처 발견하지 못한 점이나 본인도 특별히 의식하지 못한 점을 찾아서 칭찬하자. 그 의외성에 칭찬의 효과가 배가 된다. 또한 사소한 것을 칭찬할 수 있다는 것은 그 사람에 대해서 관심을 가지고 있고 남들이 보지 못한 사소한 장점들을 내가 볼 수 있다는 것을 의미한다. 예컨대, “미소가 참 부드러우세요”, “넥타이와 와이셔츠가 잘 어울려요” 같은 칭찬을 해보자. 틀림없이 상대방은 혼자서 거울을 다시 보며 흐뭇한 미소를 지을 것이다.

결과보다는 과정을 칭찬한다

자신이 통제할 수 없는 결과나 타고난 재능에 대해 칭찬을 하기보다는 과정에서의 노력을 칭찬한다. 예컨대, 머리가 좋은 것은 타고난 것이므로 상대방의 노력에 대한 칭찬이 아니다. 좋은 결과도 타고난 재능과 주어진 상황, 노력 등의 복합적 결실이다. 상대방이 그 과정에서 한 노력에 대해 칭찬하는 것이 더욱 칭찬을 받을만한 가치가 있기 때문에 칭찬의 타당성이 크다.

결과나 재능이 아닌 과정에 칭찬의 초점을 맞추면 상대방의 동기 유발에도 도움이 된다. 예컨대, “머리가 좋구나”식으로 타고난 재능에 대해 칭찬을 하면 그 기대에 부응하기 위해 좋지 않은 결과가 예상되는 어려운 과제는 피하게 된다. 반면, 노력에 대해 칭찬을 하면 나중에 부정적인 결과에 대해서도 자신의 재능이 아닌 노력에 귀인을 하게 되므로 자존감에 상처를 주지 않는다. 즉, 나의 노력이 부족해서이지 재능이 부족해서가 아니므로, 더욱 노력을 해야겠다고 생각하는 것이다.

거짓 없이 진실한 마음으로 칭찬한다

"대단하다", "훌륭하다" 등 표현이 화려하고 여러 가지 형용사를 구사한다고 해서 효과적으로 칭찬하는 것이 아니다. 없는 사실을 꾸며서 칭찬할 것이 아니라, 한마디 말이라도 자신의 마음을 담아서 표현해야 한다. 관찰한 사실 그대로만 말해줘도 훌륭한 칭찬이 될 수 있다. 예컨대, "퇴근하기 전에 꼭 뒷정리를 하는군.", "출근하자마자 일하네." 등 평범하지만 당사자가 듣고 싶어하는 말들이 좋은 칭찬이 될 수 있다.

마음속에 호감이 없는 거짓된 칭찬은 미묘한 순간에 표정에서 드러난다. 아주 능숙한 거짓말쟁이가 아니라면, 상대방의 칭찬이 진심인지 아닌지 느낌으로 알 수도 있다. 진심을 담기 위해서는 상대방의 장점을 찾아 스스로 공감해야 한다. 그렇게 전달된 칭찬은 진심으로 느껴질 것이다.

그래도 칭찬하기 어렵다면….

당신을 매력 있는 사람으로 보이게 만드는 간단한 칭찬의 말들

좋은데!	역시 (자네야)
도와줘서 고마워	와~ 훌륭한걸/ 대단해~
참신한 아이디어인걸	멋지네

미소

미소의 의미

당신은 다른 사람과 만날 때 자주 미소를 보이거나 웃는 편인가? 어릴 때는 남자든 여자든 많이 웃는다. 그런데 나이를 먹을수록 미소의 횟수가 줄어든다고 한다. 특히 사춘기를 거치면서 남자는 웃음을 잃기 시작한다고 한다.

우리 한국 남자들은 웃음과 미소에 인색하다. 내가 성인들을 대상으로 강의를 할 때, 다른 모든 사람들이 크게 웃는 순간에도 아무런 표정이 없는 남자들을 간혹 본다. 내 동료교수들 중에도 내가 웃으며 인사해도 무표정하게 인사를 받는 사람이 있다. 그들은 왜 미소를 잃은 것일까?

적극적 표현을 억제하는 우리 문화의 탓도 있고 웃음에 대한 이해도 부족한 탓이다. 잘 웃고 표정을 보이는 것이 점잖지 않으며 위신이 떨어진다고 생각한다. 내가 대학시절, 과에서 연극공연이 있었는데 코믹한 내용으로 웃음이 터지는 장면이 많았지만, 거기에 참석한 대학원장이 시종일관 근엄한 표정으로 관람한 것이 생각난다.

강아지가 사람들에게 사랑 받는 이유는 무엇일까? 늘 나를 반겨주기 때문일 것이다. 미소가 주는 메시지도 이와 같다.

"나는 당신을 만나 좋아요', '당신은 나를 기분 좋게 만듭니다".

미소는 긍정, 환영, 기쁨을 뜻한다. 상대방에게 이런 마음을 전달하고 싶다면 미소를 지으면 된다.

미소의 힘

남자가 예쁜 여자를 볼 때나 여자가 잘생긴 남자를 보면, 그 외모 때문에 다른 행동도 모두 멋있어 보인다. 심리학에서는 이런 현상을 후광효과(halo effect)라고 부른다. 어떤 개인의 한 가지 특성이 워낙 강해 나머지 측면에 대한 이미지를 왜곡시키는 현상이다. 하나가 좋아 보이면 다른 모든 것이 좋아 보이는 것이다. 미녀가 실수하면 오히려 귀여워 보인다.

당신은 후광효과로 인해 이익을 보는 사람인가? 손해를 보는 사람인가? 후광효과는 외모에 국한하지 않는다. 무조건 성형외과 의사의 칼에 얼굴을 맡겨야만 하는 것은 아니다. 다행히 성형수술을 하지 않아도 매력적으로 보일 수 있는 방법이 있다. 외모에 대한 인상에 크게 영향을 미치는 것이 미소다.

미소는 첫인상을 만드는 3초 동안 가장 강력한 감정 수단이라고 한다. 다른 사람에게 좋은 첫인상을 주고 싶다면, 가장 간단한 방법은 바로 미소를 짓는 일이다. 미소 띤 얼굴을 보면 우리는 무의식적으로 긍정적인 반응을 보인다. 상품 광고의 모델, 선거벽보의 후보들의 웃는 표정은 긍정적인 반응을 유도하기 위해서다.

미소는 상대방의 경계심을 무너뜨리고 편안한 분위기를 조성한다. 우리는 웃는 얼굴로 맞아준 사람과 친해지고 싶은 마음이 생기게 된다. 비즈니스에서 인간관계를 구축하거나 일상에서 인간관계를 넓힐 때 웃는 얼굴로 사람을 만나는 것이 매우 중요하다. 그래서 영업직에 종사하는 사람들이나 기업인들, 그리고 대중과 친숙해져야 하는 연예인들이 일종의 전략으로 미소 짓는 연습을 하는 것이다.

미소와 웃음은 전염성이 강하다. 당신이 웃으면 상대의 마음 역시 미소가 깃들고 편안함을 느낀다. 미소와 웃음은 상대와 함께하고 있는 그 자리가 즐겁다는 증거이기 때문이다. 미소는 그 어떤 상황도 부드럽게 전환하는 힘을 가지고 있으며 미소 짓는 당신에게

적의를 갖고 미움을 가질 사람은 이 세상 어디에도 없다.

"가는 말이 고우면 오는 말이 곱다"라는 속담처럼 당신이 웃으면 동료든 상사든, 이웃이든 당신이 마주한 상대방도 같이 웃을 것이다. 그리하여 상대방과의 관계는 편안하고 만족스러운 방향으로 흘러갈 것이다. 즉, 미소는 상대의 태도를 바꾸게 할 수도 있다.

사람들이 당신을 진심으로 환영해주길 원하는가? 주변 사람들과 솔직하고 생동감 넘치는 대화를 나누고 싶은가? 당신이 먼저 웃음 얼굴로 맞이하라. 그 미소는 부메랑이 되어 당신에게 돌아올 것이다.

> 소셜데이팅 서비스 '마음씨'는 20~30대 직장인 522명을 대상으로 '직장 내 이상형 동료'에 대한 설문조사에서, 응답자의 37%가 매일 아침 밝게 웃으며 인사해주는 '스마일 형 동료'를 1위로 뽑았다.
>
> (출처 : 서울경제, 2013.8.15.)

미소전략

미소를 지으려면 어떻게 해야하는가? 우선 억지로라도 미소를 지어보아라. 행복한 것처럼 행동하면 정말 행복해진다고 한다. 심리학자인 윌리엄 제임스(William James)는 이렇게 말한다.

> "행동이 감정에 따르는 것 같지만 실제로 행동과 감정은 병행한다. 따라서 우리 의지의 직접적인 통제 하에 있는 행동을 조정함으로써 우리는 의지의 직접적인 통제 하에 있지 않은 감정을 간접적으로 조정할 수 있다. 유쾌한 상태가 아니더라도 기분을 유쾌하게 만드는 최상의 방법은 유쾌한 마음을 갖고 이미 유쾌해진 것처럼 행동하고 말하는 것이다"

우리의 두뇌는 억지웃음과 진짜웃음을 분간 못하고 똑같이 반응하여, 두 경우 모두 엔돌핀이 나온다고 한다. 윌리엄 제임스가 주장하듯, 우리는 행복하기 때문에 웃는 것이 아니고 웃기 때문에 행복한 것이다.

그렇다면 언제 미소를 지어야 할까? 다음과 같은 상황에서 미소를 지어보자. 당신을 더욱 매력적인 사람으로 만들어 줄 것이다.

- 상대방을 칭찬한 후 미소 지어라. 칭찬의 효과가 두 배로 커진다.

미소와 칭찬은 잘 어울리는 커플이다. 환한 미소와 함께 던지는 칭찬은 마음이 느껴지지만, 미소가 없는 칭찬은 진심이 없어 보인다.

- 상대방에게 부탁한 후 미소 지어라. 당신의 부탁을 거절할 수 없게 만든다.

미소는 상대방의 경계를 무너뜨리고 긍정적 반응을 일으킨다.

따라서 미소는 부탁의 성공률을 높일 것이다.

- 상대방의 부탁을 들어줄 때 미소 지어라. 감사를 두 배로 커지게 한다.

부탁을 들어주면서 욕먹는 경우가 있다. 어차피 들어줄 부탁이라면 미소를 지어준다. 그 여유로움이 당신에 대한 평판을 더욱 높일 것이다.

- 귀에 거슬리는 말을 할 때 미소 지어라. 말의 가시를 제거해준다

상대방에게 불편한 말을 하기란 쉬운 일이 아니다. 미소는 편안한 분위기를 조성하기 때문에 그 불편한 말을 중화시키는 역할을 한다.

- 어떤 말을 하든지 미소 지어라. 당신의 말을 올바른 것으로 느껴지게 한다.

마음이 실린 미소는 상대방의 가슴에 와 닿는다. 미소는 당신의 말을 진정성 있게 만들어준다.

- 처음 만나는 사람에게 미소 지어라. 당신을 친숙한 사람으로 만들어준다

미소는 당신이 상대방을 환영한다는 메시지이므로 상대방과 쉽게 친숙하게 만들어준다. 당신이 미소를 지으면 상대방도 미소로 반응할 것이다.

- 억지로라도 미소 지어라. 실제로도 행복해질 것이다

미소는 기분이 좋아야만 하는 것이 아니고 억지로라도 미소를 지으면 실제로 기분이 좋아질 것이다. 그리고 그 미소는 당신의 인상을 더욱 매력적으로 만들어줄 것이다.

핵심 point!

칭찬과 미소는 인간관계의 달인이 아니더라도 우리를 매력 있는 사람으로 보이게 하는 가장 간단하면서도 강력한 도구이다.

실습

칭찬 연습

칭찬의 기술을 활용하면서 하루에 적어도 한 번 이상 다른 사람을 미소와 함께 칭찬해보자. 상대방은 어떤 반응을 보이는가? 당신은 무엇을 배우고 느꼈는가?

제10장

대인관리 - 갈등

제10장

대인관리 — 갈등

갈등에 대한 이해

우리는 흔히 갈등을 마주한다. 사적으로든 직업적으로든 모든 관계에는 크고 작은 갈등을 겪기 마련이다. 한국 직장인을 대상으로 실시한 조사에 의하면 지난 3개월간 최소 한 가지 이상의 직장 내 갈등을 경험한 근로자는 80.9%였으며, 이들은 평균 8.7개의 갈등을 경험한 것으로 밝혀졌다(한국보건사회연구원, 2013. 12. 13). 직장인이 가장 많이 경험하는 갈등 요인은 '여러 가지 업무를 동시 수행해야 할 때'로 전체의 58.7%에 달했다.

갈등이란 개인이나 집단의 기대, 목표지향적 행위가 타인이나 타 집단에 의해 좌절되거나 차단되는 상황이다. 뭔가 하려고 하는데 뜻대로 안 되는 경우다. 당연히, 갈등은 피해야 하는 것, 뭔가 비효율적이고 정상 상태가 아닌 병리적 현상으로 이해되어왔다. 특

〈그림 10-1〉 직장내 주요 갈등요인 (복수응답, 단위 : %)

(자료 : 한국보건사회연구원)

히 우리나라와 같이 조화와 융화를 중시하는 문화에서 다른 사람과의 갈등은 있어서도 안 되지만, 설령 있다고 해도 드러내서는 안 되는 것이었다. 이건 인간관계에서든 조직에서든 마찬가지다. 따라서 갈등은 '있어도 없는 듯이' 조용히 처리하는 것이 현명한 것처럼 인식되어 왔다.

그러나 갈등 없는 세상은 존재하지 않는다. 갈등을 겪지 않는 사람도 없다. 갈등은 한 개인이나 집단이 다른 개인이나 집단과의 상호작용을 하는 과정에서 흔히 발생하는 보편적이면서 불가피한

현상이다. 갈등이 없다는 것은 아무 일도 안 하고 있다는 것과 같다. 갈등이 많다고 불평만 하는 것은 도움이 안 된다. 피한다고 갈등이 사라지는 것도 아니다. 경우에 따라 작은 문제는 저절로 풀릴 수도 있지만, 일반적으로 갈등은 해결되어야 긍정적인 결과를 얻을 수 있다. 사람들은 다양한 갈등을 경험하면서 나름대로 갈등에 대처하는 법을 터득한다. 갈등을 피해 다니기보다는 갈등을 올바르게 이해하고 현명하게 다루는 것이 중요하다.

갈등의 원천

조직생활을 하다보면 갈등이 발생할 수 있는 소재로 가득 차 있다고 할 수 있다. 개인 차원은 물론, 집단이나 부서간의 수평적 갈등뿐 아니라 상하계층 사이의 수직적 갈등도 발생할 수 있다. 갈등이 발생하는 주요 원천을 살펴보자.

제한된 자원에서의 갈등

자원이 풍부하다면 다른 사람과 싸울 일이 없다. 그러나 자원이 한정되어 있다면 그 자원을 차지하기 위한 경쟁이 일어나고 갈등이 발생하게 된다. 금전이나 시간, 직위, 지원이나 원하는 도움, 인력 등 우리가 조직에서 필요한 자원은 다양하다. 그러나 특정인이 독

점할 수 없다. 특히, 그 자원이 귀하거나 얻기 어려울 때, 치열한 경쟁을 통해 얻을 수 있는 상황이라면 자원을 획득하기 위한 갈등은 더욱 심해질 것이다.

개인 차이와 성격마찰

사람마다 모두 다른 특성을 가진다. 사람들의 성격, 가치관, 태도 등 모든 것들이 나와 다르다. 그리고 나와 다르면 이해하기 어렵다. "왜 저럴까?"

개인의 성격 차이나 남녀의 차이, 세대 차이, 연령 차이, 직급 차이 등은 모두 조직에서 일을 같이 할 때 갈등을 유발시키는 요인들이다. 같이 일하는 사람들끼리 성격 차이가 크면 같이 일하기 어렵고 결국엔 조직에 적응하기 어렵게 된다. 성격마찰은 개인적 성향과 기호, 관심, 가치관 및 스타일이 다른 두 사람간의 적대적 관계를 의미한다. 이는 업무상관계와 인간관계를 저해하는 요인이 된다.

목표의 차이

목표가 다르면 생각하는 방향과 내용도 달라진다. 예컨대, 영업담당자는 판매량과 시장점유율에 대한 목표를 추구하지만 생산담당자는 비용과 재고율과 관련된 목표를 추구한다. 이들 목표에 따라 그들에 대한 평가기준도 다르다. 따라서 이들간의 목표가 상충되는 부분에서 갈등이 발생하게 된다.

영업부서와 관리부서의 시각도 서로 다르다. 영업부서는 관리부서가 자신들을 지나치게 통제한다고 불만을 토로하며 관리부서는 영업부서가 비용 마인드가 부족하다고 지적한다. 각자 자신만의 목표를 추구하면서 일이 잘못되면 상대방을 비난한다. 이러한 갈등은 조직의 과업들이 세분화될수록 더욱 많이 발생할 수밖에 없다.

공동목표 달성의 상이한 방법

특정 목표를 달성하는 데에는 몇 가지 대안들 중에서 하나를 선택해야 하는 경우가 많다. 이때, 목표는 같으나 접근방법에서 차이가 발생할 수도 있다. 바라보는 시각의 차이일 수도 있고 이해관계의 차이로 인한 것일 수도 있다. 예컨대, 부모와 자녀 간에 자녀의 장래문제에 대한 갈등도 여기에 해당된다. 사회에서의 성공이라는 목표는 같으나 부모는 공부를 열심히 해서 그 목표를 달성하기를 바라지만, 자녀는 자신이 하고 싶은 일을 통해 그 목표에 달성하려는 것이다. 이 경우에 심리적 갈등이 존재하게 된다.

불분명한 직무할당과 경계

조직에서는 구성원들이 해야 할 역할을 두고 서로 미루거나 중복해서 수행하는 경우가 있다. 이런 경우는 조직 구성원의 직무나 업무들이 명확하게 정의되지 않았을 때 발생한다. 직무들의 책임과 권한 및 의무의 한계를 분명하게 규정하지 않으면 구성원들의 역할 갈등은 언제든 발생한다.

갈등의 긍정적 기능

일반적으로 갈등이란 단어는 대립, 충돌, 긴장, 불안, 반대 등의 부정적 이미지와 연상된다. 갈등을 이러한 역기능적인 면으로 이해한다면, 갈등은 조직의 분열과 혼란을 초래하는 위험인자로 볼 수 있다. 또한 개인간 갈등은 상대방에 대한 분노와 충돌로 이어져 인간관계 유지를 어렵게 할 것이다.

그러나 조직에서 발생하는 갈등은 집단의 목표달성에 장애를 주는 역기능도 있지만 오히려 도움을 주는 순기능의 양면성을 가지고 있다. 갈등은 다음과 같은 효과가 있다.

문제의 인식과 해결방안을 모색하도록 촉진

갈등을 숨기려하면 문제가 해결되지 않은 채 남아있다. 갈등이 표출되면 무엇이 문제인지가 드러나고 이를 해결하도록 촉진하는 계기를 준다.

다른 사람의 의견을 들음으로써 다양한 관점을 통합

서로의 생각이나 관점이 다르면 갈등이 발생한다. 이 경우 의견 차이를 조정하는 과정에서 새로운 통합적 아이디어를 접하게 되어 갈등이 발전적인 방향으로 해결된다.

갈등은 시대에 뒤떨어지는 절차와 관행에 도전하고 조직 내의 변화와 혁신의 분위기를 유발

갈등이 표출되지 않으면 현 상태가 문제를 가지고 있어도 그대로 유지된다. 갈등은 그동안 관행적으로 해왔던 절차나 과정들에 대해 의문을 제기하고 재평가할 기회를 준다. 이 점에서 갈등은 혁신의 출발이다.

에너지와 활력을 일으킴

중요한 의견 차이를 주고받는 과정에서 이슈에 대한 새로운 관심과 호기심을 일으킬 수 있다. 이러한 갈등은 조직과 타인과의 상호작용을 더욱 활력 있게 만들어준다. 또한 합의점을 찾게 되면 조직이 더욱 발전하는 계기가 된다.

이와 같은 갈등의 효과로 인해 적절한 수준의 갈등은 오히려 조직에 긍정적인 결과를 가져온다. 〈그림 10-1〉에서 보듯, 갈등이 없다는 것은 방금 살펴본 갈등의 순기능이 발생하지 않아서 조직이 높은 성과를 내기 어려울 것이다. 갈등수준이 너무 높아도 이들 갈등을 조정하는 데 많은 에너지를 소비하게 되므로 마찬가지로 조직의 성과에 바람직하지 않다. 적절한 수준의 갈등이 조직을 생동감 있게 만들어주어 지속적인 발전을 촉진시킬 것이다. 그러므로 갈등의 문제는 갈등의 존재 그 자체가 아니라 갈등이 보다 순기능을 발휘하도록 관리하는 데 있다.

〈그림 10-1〉 갈등수준과 조직성과의 관계

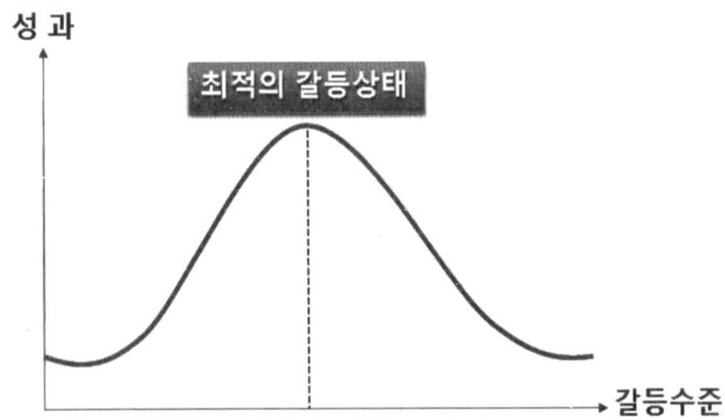

갈등 대처 유형

어떻게 갈등에 대처해야 할까? 갈등대처방법은 여러 가지 유형이 있는데, 언제나 바람직한 단 하나의 대처 방법은 없다. 상황에 따라 적절한 방식으로 대처해야 한다. 갈등대처유형은 주장(자신의

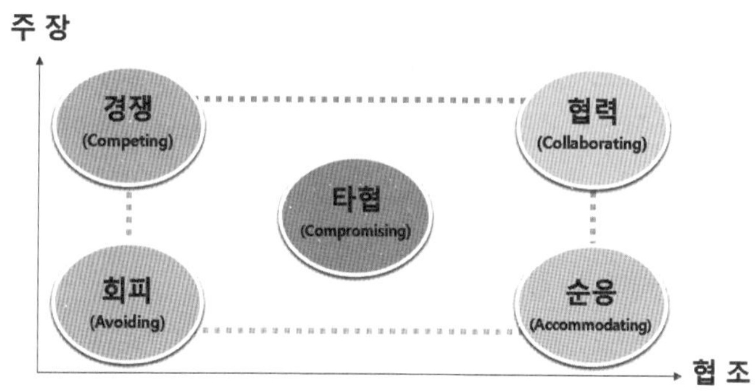

요구에 대한 관심)과 협조(타인의 요구에 대한 관심)의 정도에 따라 5가지 유형이 있다. 대부분의 경우, 이 다섯 가지 가운데 하나를 상황에 맞게 선택한다면 갈등을 현명하게 관리할 수 있을 것이다.

경쟁(Competition)

경쟁은 매우 독단적이고 비협조적인 유형이다. 갈등을 자기편에 유리한 방향으로만 해결하기 위해서 나의 주장을 밀어붙이는 방식이다. 경쟁은 '힘'을 위주로 하는 방식이다. 갈등을 이겨야 하는 경쟁으로 생각한다면, 직접적인 영향력을 행사하거나 사람들을 설득하여 내 편으로 끌어들이는 등 상대를 이기기 위한 방법들을 동원해야 한다. 그러나 상황에 맞는 최선을 찾으려는 시도를 하지 않고 경쟁 방식을 남용한다면 그 대가를 치러야 할지도 모른다. 경쟁 방식이 필요한 상황은 다음과 같다.

- 신속하고 결단력 있는 행동이 요구될 때
- 특수한 조치를 취해야 하는 경우 (예: 새로운 규정의 도입 등)
- 조직 전체에 영향을 줄 수 있는 사안으로서 자신의 생각이 옳다는 것을 알고 있을 때
- 경쟁이 없을 때 어부지리로 이익을 취할 가능성이 있는 사람을 방지해야 할 경우

회피(Avoidance)

이는 단지 갈등으로부터 물러서거나 참는 유형이다. 겉보기에 갈등 회피는 의견 차이를 해결하기에 부적절해 보인다. 그러나 적절히 이용한다면 실제로 두 사람 사이의 의견 차이를 해결하는 데 도움이 될 수 있다. 예컨대, 논쟁이 가열되어 아무 것도 해결할 수 없는 것처럼 보일 때, 잠정적인 회피는 양측에게 냉각 기간을 준다. 회피 방식이 필요한 상황은 다음과 같다.

- 논의하는 문제 자체가 사소하거나 더 중요한 사안이 있을 때
- 힘의 분열에 따른 희생이 문제해결에 따른 이익보다 부담이 될 때
- 사람들을 일단 진정시키고 난 후 새로운 관점에서 논의가 필요할 때
- 즉각적인 의사결정 보다는 정보를 더 수집해야 할 필요가 있는 경우
- 다른 사람들이 갈등을 보다 더 효과적으로 해결할 수 있는 경우

순응(Adaptation)

나의 입장보다는 상대방의 입장을 수용하는 협조적인 대처방식이다. 순응은 그냥 굴복하는 것이 아니다. 다음과 같은 상황에서 순응은 효과적인 접근법이다.

- 자신의 입장에서 착오가 있었거나 잘못이 있다는 것을 알았을 때

(이야기를 듣고, 배우고, 합리적인 모습을 보여주는 것이 더 나을 때)

- 문제가 나보다는 다른 사람에게 더 중요한 문제일 때(다른 사람들을 만족시키고 협력을 유지해야 할 때)
- 향후 더 큰 문제를 위해 신뢰를 구축해야 하고 화합과 안정이 더욱이 중요한 경우

타협(Compromising)

타협은 당사자 모두에게 중요한 일부에 대한 포기를 요구한다. 이 전략에는 협상과 거래, 교환, 고도의 융통성이 포함된다. 타협을 시작하기 전에 '얼마나 기꺼이 버릴 것인지'를 미리 정해 놓는 것이 중요하다. 미리 한계를 정해 놓으면 효과적으로 타협할 수 있는 범위가 제시된다. 의견 차이를 해결하기 위해 타협을 시도할 때는 본인의 목표뿐만 아니라 상대방과의 관계 유지 또한 걱정하고 있다는 것을 상대방에게 암시해야 한다. 타협은 다음과 같은 상황에서 선택해야 한다.

- 목표가 중요하기는 하나 강하게 주장하기 위해 노력하거나 힘을 소진할 만큼 가치가 없는 경우
- 쌍방이 서로 막상막하의 대립되는 목표를 추구하는 경우
- 복잡한 이슈에 대해 일시적이나마 해결책을 찾아야 할 때
- 시간제약으로 인해 신속하게 해결방안을 찾아야 할 때
- 협력 또는 경쟁적인 방법을 써봤으나 풀리지 않을 때

협력(Cooperation)

협력은 양쪽 당사자들이 서로 최선의 해결책을 모색하기 위해 취하는 방식이다. 두 당사자가 서로 다른 의견에 대해 합의해야 할 지점을 확인하고 대안을 평가하고 두 사람 모두 지지하고 몰입하는 해결책을 찾는 것이다.

협력을 할 때 최대 관심사는 협력해야 하는 '문제'와 두 당사자의 '관계' 유지이다. 협력하기 위해서는 상대의 견해를 검토하고 이해할 수 있다는 분위기가 조성되어야 한다. 갈등의 한 부분에는 언제나 감정이 자리 잡고 있다. 두 당사자는 설사 서로의 의견에 동의하지 않더라도 서로의 감정과 견해를 기꺼이 이해하려고 노력해야 한다. 동의하느냐 아니냐의 여부는 문제가 아니다. 요점은 서로의 입장을 이해하고 존중하는 것이다. 타협은 다음과 같은 상황에서 선택한다.

- 이해당사자 쌍방에게 너무나 중요하여 타협할 수 없고 통합적인 해결방안을 찾아야 할 때
- 다른 사람들의 다양한 관점으로부터 착안점을 얻고자 할 때
- 특정 사안에 대한 합의를 통해 참여를 이끌어야만 할 때

갈등의 생산적 관리전략

대인관계에서 발생하는 갈등을 원만하게 해결하기 위해서는 다음과 같은 몇 가지 기본 원칙을 지키는 것이 필요하다.

상대방에 대한 인정

개인과 개인 간의 갈등이 발생했을 때 그 문제를 해결하기 위한 첫 번째 단계는 당사자들의 마음자세이다. 문제해결을 위해서는 상대방이 필요하다. 상대방을 인정하고 대화를 통해 갈등을 해결하려는 태도가 마음속에 자리해야 한다. 특히 갈등이 상대방의 바람직하지 않은 행동과 관련될 때 갈등은 근본적 원인보다는 그 사람의 성격과 연관되어 설명되기 쉽다.

주변을 살펴보면, 소위 까다로운 사람들과 함께 일하는 법에 대한 책들도 많다. 만약 자신에게 까다롭게 구는 사람이 있다면 먼저 이렇게 자문해보자. “나의 어떤 행동이 문제일까?” 또는 그 사람 입장에서 생각해보자. 이렇게 상대방을 인정한다면 갈등을 보다 발전적인 도구로 이용할 수 있는 좋은 출발을 한 것이다.

상대방의 의견이 틀렸다고 생각하면 조율이나 협의는 어려워진다. 대립구조만이 형성될 뿐이다. “왜 저럴까?” 라고 생각하지 말고 나와 다름을 인정해야 한다.

사람과 문제를 구분한다

어떤 문제로 인해 갈등이 생겼는데 사람을 공격하게 되면 감정적으로 흘러가기 쉽다. 해결하려는 문제에 초점을 맞춰야 한다. “넌 항상 그런 식이야”, “넌 이런 게 문제야” 해버리면, 문제는 사라지고 감정 싸움이 된다. 우리나라 사람들은 언쟁을 하다보면 흔히 “너 몇 살이야?” 하며 엉뚱하게 언쟁의 이슈를 나이로 몰고 가는 경우가 있다. 사람과 문제를 구분하며 객관적인 사실과 논리에 초점을 맞춰서 갈등을 풀어야 뒷 끝도 깨끗하다. 상대방과 진짜 원인을 찾아내고 확인하려는 자세를 가져야 한다.

서로에게 이익이 되는 방안이 무엇인지에 대해 초점을 맞춘다

자신의 입장을 내세우고 관철시키려고 하기 보다는 상호이익이 될 수 있는 해결방안들에 대해 초점을 맞춘다. 여러 가지 관점에서 해결방안들을 도출하고 관심사항들을 충분히 검토하면서 대안모색을 위해 노력해야 한다. 같은 직장이라면 어차피 같이 가야 하는 운명이다. 길게 보자. 예컨대, 자신의 일방적인 '순응'으로 마무리되는 경우에도 그렇지 않을 경우 일어날 잠재갈등과 비교해 본다면, 지금 치루는 손해는 큰 것이 아니다.

솔직하게 자신의 의견을 이야기하고 상호신뢰를 구축해야 한다

서로 간에 믿음이 형성되지 않으면 문제를 해결하기 어렵다. 해결방안에 대해 합의를 했다 해도 원점으로 돌아가기 쉽다. 신뢰는 모든 문제해결의 기초이다. 의도를 숨기면 얼굴에 드러나기 마련이다. 대부분의 경우, 갈등해결은 상대에게 '어떻게 접근하느냐'에 달려있다.

핵심 point!

심리학자인 던컨 크레이머(Duncan Cramer)는 연애중인 대학생 커플을 대상으로 조사했는데, 싸우는 횟수와 연애만족도간에는 상관관계가 없었다고 한다. 반면, 싸움을 해결하는 방법과 연애만족도는 상관관계가 발견되었다. 갈등의 횟수보다는 갈등을 해결하는 방법이 중요한 것이다.

실습

나의 갈등 대처방법

최근 자신이 겪었던 대표적인 갈등경험 세 가지에 대해 생각해보자. 어떤 내용의 갈등이었나? 갈등별로 효과적인 갈등대처방법에 대해 생각해보고 그 이유를 말해보자.

갈등의 내용	효과적인 갈등대처방법	이유
(예) 역할을 나누다가 동료와 의견이 맞지 않아서	타협	중요하지만, 강하게 주장하기 위해 힘을 소진할 만큼의 가치는 없기 때문

제11장

조직을 움직이는 힘 - 구조

제11장

조직을 움직이는 힘 – 구조

조직은 구조다

사례 1 : GM 슬로언 회장

슬로언 2세(Alfred P. Sloan, Jr.) 회장은 1923년에 GM의 회장으로 취임하여 1956년 퇴직할 때까지 33년간 회사의 중추적 인물로서 기업 역사상 가장 위대한 리더 중 한 사람이었다. 그가 구축해 놓은 구조와 전략으로 인해 GM은 세계에서 가장 큰 기업으로 성장할 수 있었다. 슬로언은 GM이 더 나은 구조형태를 취할 필요가 있음을 인식했다. 당시의 보편적인 구조형태는 기능식 집권적 구조였다. 그러나 슬로언은 이 같은 구조가 GM에는 적합하지 않다고 느꼈다. 대신에 그는 세계 최초로 분권적 조직을 구축하기 시작하였다.

그의 기본원칙은 단순했다. 즉, 계획기능과 자원배분기능은 집권화하고 일선 현업의 의사결정은 분권화하는 것이었다. 슬로언의 구상 하에서, 각 사업부는 자동차 생산과 판매에 주력하였고, 최고경영층은 장기전략과 주요자금 조달결정에만 전념하였다. 그리고 본사 지원인력은 최고경영층의 전략적 의사결정에 필요한 정보와 통제시스템을 지원하도록 하였다.

구조는 효력을 나타냈다. 1920년대 후반 무렵, GM은 Ford보다 훨씬 다양한 제품라인과 함께 더욱 유연한 조직구조를 갖추게 되었다. 반면에 헨리 포드는 여전히 고도로 집권화되어 있는 조직을 이끌어가고 있었기 때문에, 각 사업부별로 차종을 전문화시키고, 다양한 가격대의 차량을 생산하는 GM의 사업부들과는 도무지 경쟁해 나갈 방법이 없었다. GM의 선구적인 구조형태는 마침내 다른 기업에서도 표준으로 채택하게 되었다.

(자료 : Lee G. Bolman, Terrence E. Deal, Reframing Organizations: Artistry, Choice, and Leadership, 3d edition. San Francisco: Jossey-Bass, 2003, 349-351쪽)

사례 2 : 케네디 항공모함

케네디 항공모함에 타는 인원은 무려 5천명이 넘는다. 이 인원 중 절반은 선박(ship)에 소속되며, 나머지 절반은 항공단(air wing)에 소속되어 있다.

항모는 작전(operations), 기관(engineering) 등 19개 부문으로

조직되어있고, 항공단은 아홉 개 비행대대(squadron)로 구성되어 있다. 그리고 전투기의 이착륙 과정에는 50가지나 되는 임무가 포함되어 있다.

이렇게 상당히 많은 인원과 역할로 구성되어 있지만 각자의 역할과 책임은 매우 명확하고 명령계통에 따라 일사불란하게 움직인다.

그 결과 실제로 1990년대 초반의 걸프전쟁(Gulf War), 아프가니스탄 전쟁, 그리고 2003년의 이라크 전쟁에서 보여주었듯이 케네디호는 뛰어난 전투성과를 거두었다.

이성을 가진 존재로서 인간은 합리성을 추구한다. 합리적인 것은 비합리적인 것보다 더 효율적이고 이치에 맞아 보인다. 다른 분야들도 마찬가지지만, 특히 경영의 세계는 우선적으로 합리성을 추구해왔다. 합리적인 구조, 합리적인 결정, 합리적인 프로세스 등은 경영의 기초가 되어 왔다. 어느 조직이든 합리적인 구조와 체제를 갖춘 조직이 그렇지 않은 조직보다 성과가 더 높을 것으로 우리는 믿고 있다.

조직의 생산성도 합리성에 의해 획기적으로 향상되어왔다. 그 대표적인 것이 테일러의 '과학적 관리법(Taylorism)'이다. 테일러는 시간과 동작연구를 통해, 과업을 최소한의 작업단위로 분할한 후 표준화하여 최소한의 시간과 최소한의 동작으로 최대의 작업성과를 올릴 수 있도록 하였다. 그 결과 생산성은 급속하게 배가 되었다. 이러한 과학적 관리법은 당시 주먹구구식 경영으로 일관하던 공장관리에 일대 혁신을 불러 일으켰으며, 생산성을 획기적으로 증대시켰다. 테일러의 이론은 1910년대 헨리 포드를 만나면서 한 단계 진화한다. 포드는 한 사람이 하던 모터 조립을 84개 작업으로 나누고 컨베이어를 도입해 조립 시간을 10분의 1로 줄였다. 1000달러가 넘던 자동차 값은 300달러로 떨어졌다. 판매량은 폭증했고 포드 노동자의 임금도 두 배로 뛰었다.

합리적이고 효과적인 조직구조, 역할 및 책임체계 등은 어떤 조직에서든 성과에 영향을 주는 중요한 요인이다. 구조는 조직의 가장 기본이 되는 뼈대이다. 사람들은 자신에게 주어진 역할에 의해 움직인다. 높은 성과를 내는 팀이나 조직들의 공통적인 특징 가운데 하나는, 목표 지향적이며 합리적이고 명확하게 조정하는 구조를 가지고 있다는 점이다. 그리고 그러한 구조 속에서 사람들 개개인의 노력들이 전체적으로 서로 조화를 이루면서 최상의 결과를 끌어낸다.

반면, 정반대의 조직을 생각해보자. 예컨대, 구성원들의 역할이나 목표가 모호한 상태이거나 다른 사람과의 역할 관계가 명확하지 않은 경우, 또는 적절하게 사람들을 조정하는 장치나 사람이 없어 중복적으로 일을 하거나 서로 일을 미루는 경우 등이다. 이런 조직에서는 사람들이 아무리 열심히 일하려는 의지가 있다고 해도 일이 효율적으로 진행되기 어려울 것이다.

앞에서 살펴본 슬로언 GM회장의 사례는 구조가 조직의 효율성에 얼마나 커다란 영향을 미칠 수 있는지를 여실히 보여주고 있다. 슬로언은 GM이 처해있는 환경에 따라 구조와 전략을 다각적으로 구상한 훌륭한 건축가였다. 예컨대, 그는 불황이 닥칠 경우에는 회사의 생존을 위해 현업부문들을 신속히 집권화 했지만, 일단 경기가 회복되면 다시 분권화로 복귀하였다. 이러한 구조의 변화만으로도 조직은 전혀 다른 모습을 보일 수 있다.

구조는 조직도만을 의미하지 않는다. 구조란 전체 조직도뿐 아니라 그 내부에 있는 구성원들에 대한 역할 기대, 상호관계의 형태, 제도나 정책까지 포함하는 개념이다. 따라서 구조는 조직의 가장 기본이 되는 뼈대이다.

표준화

인간이 합리적 구조를 지향하면서 생각해낸 아이디어 가운데 하나는 표준화이다. 표준화란 특정 상황에 적합하다고 판단되는 행동모델을 설정해 놓은 것을 의미한다. 일의 절차나 처리 방법을 미리 정해 놓아 그대로 행동하게끔 하는 것이다.

표준화되어 있지 않다면 과업 담당자가 임의로 과업을 수행할 것이고 그 결과, 과업이 어떻게 수행될 지는 아무도 예측할 수 없을 것이다. 예컨대, 닭고기 제조업체의 생산사원들에게 임의로 닭고기 가공을 맡긴다면 제품마다 다른 닭고기가 생산될 것이며 생산계획도 전혀 예측할 수 없을 것이다.

표준화하여 공식화(문서화)하면 누가 그 일을 맡게 되더라도 사전에 기대한 행동을 하게 되므로 예측이 가능하고 신뢰성이 보장된다. 맥도날드(McDonald)사는 햄버거대학을 만들어놓고 견습생에게 햄버거를 만드는 법, 포장하는 법, 요금계산방법 등을 훈련시킨다. 훈련을 마친 이들이 매장에 투입되면 매장에서는 이들에게 별도의 규정이나 교육을 할 필요가 없다. 포장담당인지 햄버거 제조담당인지, 아니면 요금계산담당인지만 말해주면, 세계 어느 곳에서 일하든 이들은 햄버거대학에서 배운 그대로 표준적인 방침에 따라 똑같은 맛의 햄버거와 서비스를 제공할 것이다.

물론 과업 수행에 대한 표준화는 햄버거와 같이 비교적 단순하고 반복적인 작업의 경우에만 가능할 것이다. 특히 맥도날드와 같이 표준화된 서비스를 기본 전략으로 삼는 패스트푸드 체인점에게 표준화는 효율성 측면에서 뿐만 아니라 경쟁력의 근원이기도 하다.

그러나 표준화된 조직 구조가 항상 정답은 아니다. 표준화된 절차나 규칙, 규범 등에 지나치게 의존하게 되면 예기치 못한 상황이나 융통성이 필요한 경우 능동적으로 대처하지 못하게 되는 문제가 발생한다. 종업원이 표준화된 규범이나 규칙을 철저히 지키고 중요하게 생각해야 하는 경우도 있지만 때론 그 반대의 경우도 있다.

예컨대, 미국 노드스트롬(Nordstrom) 백화점의 사원 규칙은 표준화를 거부한다.

노드스트롬의 규칙

규칙 1 : 어떤 상황에서든 귀하의 훌륭한 판단력을 발휘하십시오.
그 외에 다른 규칙은 없습니다.

철저한 고객서비스를 위해 규칙에 얽매이지 않는 능동적인 처리를 강조하고 있는 이 같은 정책은 이 백화점의 성장 배경과 핵심 경쟁력으로 지적되고 있다.

표준화를 어느 정도, 그리고 무엇을 대상으로 할 것인가는 합리성 차원에서 조직의 상황이나 특성에 따라 결정되어야 할 문제이다. 예컨대, 과업이 비교적 단순하고 반복적이거나 예측 가능하다면 표준화가 효율적이겠지만, 그 반대의 상황 또는 임기응변적인 대응이 요구된다면 표준화를 최소화하는 것이 바람직할 것이다.

아담 스미스의 국부론

아담 스미스(Adam Smith)의 〈국부론〉은 조직이 어떤 구조를 가지느냐에 따라 생산성이 크게 달라질 수 있음을 선명하게 보여 주었다. 그는 분업의 중요성을 설명하기 위해 핀 제조공장의 예를 들었다. 그 공장에서는 철사를 가지고 노동자 한 명이 하루에 평균 20개 정도의 핀을 생산하고 있었다. 아담스미스는 핀이 만들어지는 18개의 공정을 한 사람의 노동자가 전부 할 것이 아니라 10개의 공정으로 나누어 한 사람이 한두 가지의 일만 하도록 분업시켰다. 그 결과 10명이 하루에 생산한 핀은 무려 48,000개였으니 1인당 생산량이 4,800개나 되었다. 분업을 통해 생산성이 240배 증가된 것이다.

기계적 조직과 유기적 조직

조직이란 노동과 기능의 분업, 그리고 권한과 책임의 위계체계를 통해 공동의 명확한 목표를 달성하기 위한 많은 사람들의 활동의 합리적인 조정체라고 할 수 있다. 이러한 관점에서 조직을 바라본다면 조직의 가장 근본적인 현실은 해야 할 일(노동)들이나 역할을 어떻게 각 개인이나 집단에 분배할 것이며, 또 분배된 역할들을 다시 어떻게 조정할 것인가의 문제이다. 조직의 형태는 조직마다 다르지만 분업과 조정이라는 두 가지 요인은 조직을 설계하는 데에 있어 가장 기본적인 요인이다.

분업과 조정을 어떻게 할 것인가에 따라서 조직구조는 크게 기계적 조직과 유기적 조직으로 분류될 수 있다. 기계적 조직이란 조직구성원의 행동이 예측 가능하도록 설계된 '엄격한' 구조를 의미한다. 의사결정 권한은 집권화 되어 있고 의사소통도 명확한 지위계층을 따라 위에서 아래로 이루어진다. 구성원들의 모든 행동과 의사결정은 철저히 감독 및 통제된다.

기계적 조직에서의 구성원들의 역할과 상호간의 관계는 매우 분명히 정의되어 있고 반드시 그 범위 안에서 일을 수행해야 한다. 구성원들의 업무는 전문화되어 있고 자신의 책임과 권한 역시 분명하다. 서로의 과업들간의 조정은 주로 표준화나 지위계층에 의해 이루어진다.

반면 유기적 조직이란 조직이 유연한 대응이 가능하도록 설계된 느슨한 구조이다. 유기적 조직에서는 변화하는 환경에 신속한 대응이 가능하고, 상황에 따라 융통성 있게 업무를 처리하는 것이 가능하다. 의사결정 권한이 분권화되어 있고, 역할이 명확하게 정의되어 있지 않기 때문에 한사람이 다양한 과업을 수행할 수도 있다. 그리고 각기 다른 전문성을 가진 구성원들이 어떤 문제를 해결하기 위해 함께 일을 할 수도 있어 서로 다른 기능의 업무에도 관여하게 된다.

〈표 11-1〉 기계적 조직과 유기적 조직

구분	기계적 조직	유기적 조직
의사결정 권한	집권화	분권화
의사소통 방식	하향적	수평적
과업 및 역할의 정의	명확	불명확
분업 단위	개인별	집단(팀)별 또는 조직 수준
과업간 조정	수직적, 표준화	수평적, 상호조정, 자율적 판단

태스크 포스나 팀은 유기적 조직의 대표적인 예로서 서로 다른 기능이나 전문적인 업무들을 통합하고 조정하기 위한 방법이다. 이들 업무들의 조정은 일반적으로 위계상의 지위가 아닌 수평적인 상호조정을 통해 이루어진다.

조직구조를 기계적으로 할 것인지, 유기적으로 할 것인지는 조직이 처한 환경 특성에 달려있다. 일반적으로 기계적 조직은 안정적이고 변화가 적어 융통성 있는 업무 처리가 요구되지 않는 환경에 적합한 조직이라고 할 수 있다. 예컨대, 대부분의 일들이 표준화된 업무 처리 방침이나 규칙에 의해 처리되는 관공서와 같은 공공기관, 맥도날드와 같은 대부분의 패스트푸드회사 등이 여기에 해당한다고 할 수 있다. 또한 비교적 안정적인 시장을 가지고 있거나 환경의 변화가 적은 기업, 또는 원가우위전략을 추구하는 기업의 경우도 기계적 조직이 적절하다고 할 수 있다.

반면, 유기적 조직은 불확실성이 높은 환경에 적합한 조직구조라고 할 수 있다. 오늘날은 대부분의 조직이 불확실한 환경에 놓여있다고 할 수 있다. 따라서 유기적인 조직 특성을 갖추려고 노력하는 조직들이 늘어나는 추세이고 심지어 공공기관들도 일부 기능들을 유기적으로 변화시키고 있다. 구성원들에게 최대한 자율성과 상호조정을 권장함으로써 예외적으로 발생할 수 있는 상황에 융통성있게 대처하기 위해서다.

순수한 기계적 조직이나 유기적 조직은 매우 드물다. 기계적 조직이나 유기적 조직의 특성 중 어느 특성을 좀 더 강하게 갖느냐의 문제이다. 잘 운영되는 조직을 살펴보면, 소수의 중요한 부분들은 중앙집권적으로 통제를 하고 다른 부분들은 구성원들에게 자율권을 가지고 일할 수 있도록 하는 등 기계적 구조와 유기적 구조, 집권화와 분권화가 완벽하게 조화를 이루고 있다. 예컨대, 은행은 금융법을 기초로 다양한 규정의 대상이 되는 금융서비스를 제공하고 있어, 매뉴얼 기반의 업무처리가 필수이지만, 우량고객, 불만고객에게는 직원의 권한에 따라 수수료면제, 대기 순서 조정, 사은품 증정 등을 실시하도록 하여 고객응대 과정에서 발생하는 갈등(불만족)을 적극 해결하도록 유도한다.

군대의 경우, 평상시에는 위계질서와 보고체계가 분명한 기계적 조직의 특성을 보이지만 전쟁이 일어났을 때에는 긴급 상황에 대처하기 위해서 평상시보다 유기적으로 운영된다.

회사의 경우도 부서별로 다른 유형의 구조를 가질 수 있다. 능동적이고 신속한 대응이 요구되는 마케팅부서나 창의적 분위기가 필요한 연구개발부서는 좀 더 유기적 구조의 특성을 많이 갖도록 해서 효과적으로 움직이게 하는 것이 좋을 것이다. 그러나 생산부서나 경리부서는 기계적 구조가 적절할 것이다. 생산 프로세스나 업무수행에 자율성이 부여된다면 생산계획이나 품질은 전혀 예측할 수 없기 때문이다.

조직구조의 결정요인

맥도날드와 하버드대학 가운데 누가 더 효율적인 구조를 가졌느냐고 묻는다면 바보 같은 질문일 것이다. 그 이유는 두 조직이 전혀 다른 성격을 가지고 있기 때문이다. 모든 조직은 분업과 조정이라는 기본 원리를 가지고 구조를 설계하지만 조직의 여러 상황에 따라 전혀 다른 구조를 가지고 있다. 예컨대, 맥도날드와 같은 패스트푸드회사와 대학을 비교해보자.

- 하는 일 – 예측가능하고 정형화된 메뉴(햄버거) vs 다양한 수요에 대한 교육
- 목표 – 돈을 버는 것 vs 학생의 질적 향상
- 인력 – 낮은 기술, 누구나 담당 가능 vs 전문지식을 갖춘 학자

교훈은 아주 간단하다. 보편적으로 어디서나 통하는 구조는 없다. 효과적인 구조는 하는 일이 무엇이고 목표가 무엇이며 일하는 사람들이 누구인지에 달려있다. 전통적인 톱—다운(Top-Down)의 피라미드는 표준화된 방식이 정형화된 과업과 안정된 환경, 미숙련의 근로자에 대해 통한다.

그러나 애매한 과제, 복합적인 목표, 높은 전문 인력에 대해서는 더 평평하고 횡적으로 조정되며 유연한 업무환경이 필요할 것이다. 모든 조직은 일의 특성과 환경을 평가해보고 합당한 종적인 조정과 횡적인 조정의 최적 결합을 만들어야 한다.

조직의 구조 형태에 영향을 미치는 상황은 조직의 규모, 환경, 전략, 기술 등을 들 수 있다.

규모

조직의 규모가 커질수록 분업의 숫자가 많아지고 분업된 과업들 간의 관계가 복잡해진다. 분업화된 과업들을 관리하기 위해 구성원의 행동을 표준화하려 하고, 업무 처리 절차나 규정 등은 증가하게 된다. 따라서 조직의 규모가 커지면 관료화될 가능성이 높아진다.

환경

안정적인 환경에 놓여있는 조직은 흔히 기계적인 구조를 가진다. 의사결정은 소수의 상급자에게 집중되어 있고 업무 처리는 미리 정해진 합리적인 규칙이나 절차에 의해 이루어진다. 예측하기 어려운 변화는 발생하지 않으므로 신속한 의사결정이나 능동적 대응은 요구되지 않는다. 관공서나 공조직에서 흔히 볼 수 있고, 햄버거와 같은 제품 특성을 갖는 기업에서도 찾아볼 수 있다.

그러나 기술수준과 시장이 급변하는 환경에 놓여있는 조직은 고도의 유연성과 적응력이 필요하다. 이를 위해 정보의 흐름이 종적·횡적으로 원활히 이루어지고 표준화 정도가 낮아 신속하고 신축적인 의사결정 및 업무조정이 가능한 유기적 구조를 갖추어야 한다. 많은 기업들이 점차 의사결정 권한을 대폭 하부로 위양하거나 소사장제 등을 강조하는 것도 이러한 유기적 구조를 갖추기 위한 노력이다.

전략

1980년대 중반 면도기 업체인 질레트는 극심한 변화를 맞았다. 1980년까지의 서투른 마케팅과 일관성 있는 성장전략의 미흡으로 회사의 수익이 떨어지기 시작했다. 이때 질레트의 최고경영자가 내린 전략은 크게 2가지였다. 하나는 혁신전략으로서, 새로운 제품이나 서비스를 시장에 내놓는 전략이다. 이를 위해 필요한 조직구조는 무엇일까? 질레트는 소비자의 욕구를 좀 더 정확하고 빠르게 파악하여 이를 반영한 제품을 개발하기 위해 연구개발부서에 더 많은 재량권을 부여하고 의사결정의 폭을 넓혀주었다. 조직을 좀 더 유기적으로 바꾼 것이다. 또 다른 전략은 다양한 계층의 욕구를 충족시키기 위해 면도기의 수준을 구분하고 소비자 성향에 따라 차별적으로 대응하는 차별화전략이다. 이를 위해 질레트는 각 제품에 맞는 판매촉진 활동을 효과적으로 수행하기 위해 부서를 나누었다.

챈들러(Chandler)는 "조직구조는 전략을 따른다"라는 유명한 명제를 제시하였다. 조직구조는 전략의 유형에 따라 달라진다는 것이다. 조직구조는 조직의 전략적 목표를 달성하기 위한 수단이다. 따라서 성공적인 전략의 수행을 위해 요구되는 기능과 과업이 무엇인지를 파악한 후 이를 효과적으로 수행하기 위한 구조를 설계해야 한다.

예컨대, 회사의 전략을 크게 원가우위전략과 차별화전략으로 구분해보자. 원가우위전략이란 비용절감이나 현 제품의 효율성 향상에 초점을 두는 전략을 말한다. 이러한 전략을 위해서는 엄격한 통제, 초과비용의 최소화, 규모의 경제와 같은 방법을 통해 효율성을 이루어야 한다. 전체 회사 차원의 비용통제와 관리를 위해 의사결정은 상층부에서 이루어지는 집권화가 적합하다. 따라서 원가우위전략을 선택하는 경우, 기계적 조직이 적합하다고 할 수 있다.

반면, 차별화전략을 취할 경우라면 유기적 조직이 적합할 것이다. 차별화전략의 목표는 기업이 제공하는 제품이나 서비스를 차별화함으로써 산업전반에 걸쳐 그 기업이 독특하다고 할 수 있는 그 무엇을 창조하여 경쟁우위를 달성하는 것이다. 이러한 전략을 취하는 기업에서는 품질의 우수성, 애프터서비스, 혁신적인 디자인 등을 강조하게 된다. 이를 위해서는 규정을 최소화하거나 느슨하게 하여 상황에 따라 능동적으로 대처할 수 있게 해주는 것이 필요하다. 그리고 차별화된 상품 개발 및 마케팅을 독자적으로 수행하도록 하기 위해서는 분권화가 적합하다.

기술

기술이 일상적(routine)이라는 것은 과업이 다양하지 않고 예외의 상황이 거의 없다는 것을 말한다. 대량생산 조립 라인이나 단순 사무보조직이 그 예이다. 비일상적 기술이란 단위소량 생산에 사용되는 기술과 같이 정형화하기 어려운 기술을 의미한다. 연구개발이 대표적인 예가 된다.

이런 기술의 차이가 조직의 구조와 관련을 가진다. 우선 조직에서 사용되는 핵심기술은 명료성, 예측성 등에 있어서 차이가 있다. 예를 들면, 햄버거를 만드는 일은 아주 단순하며 미리 예정된 기계적인 행위이다. 이처럼 단순한 기술로 인해 맥도날드는 주로 수직적 조정에만 의존해서도 효과적인 조직운영이 가능하다. 대량생산의 경우, 생산 프로세스는 정해진 절차와 정해진 시간에 의해 진행된다. 창의력을 발휘할 필요도 전혀 없다. 중요한 것은 규정과 표준 절차의 준수이다.

그러나 훨씬 더 복잡하거나 예측하기 어려운 기술, 비일상적인 기술을 사용하는 조직의 경우, 업무처리를 표준화하기란 거의 불가능하다. 예컨대 사용하는 기술이 고객마다 다르거나 문제가 발생했을 때 해결 방안이 정형화되지 않은 경우 자유 재량권을 부여하지 않는다면, 일이 생길 때마다 상사에게 물어봐야 할 것이다. 따라서 높은 수준의 분권화와 느슨한 구조형태 즉, 규칙이나 책임영역이 엄격하지 않은 구조를 취할 수밖에 없다.

〈표 11-2〉 조직구조를 결정하는 요인

구분		조직
규모	소규모	시장 대응력 증대를 위한 사업분화, 자율성 보장
	대규모	분업 증가, 구성원 행동 표준화, 절차 및 규정 증가, 관료화…
환경	안정적	기계적 조직
	유동적	유기적 조직
전략	원가우위전략	집권화, 기계적 조직
	차별화 전략	분권화, 유기적 조직
기술	일상적	수직적 조정
	비일상적	분권화, 규칙이나 책임영역에 자율성 보장

'One Best' 구조는 없다

구조는 스포츠에서도 중요하다. 축구에서 수비라인을 스리백으로 할 것인가 포백으로 할 것인가? 수비라인 구조는 월드컵이 다가오면 단골 논쟁 소재이다. 우리가 알고 있듯, 감독이 수비구조를 어떻게 결정하느냐에 따라 선수들은 전혀 다른 축구를 하며 승패에도 종종 결정적인 영향을 미친다. 물론 최상의 구조가 무엇이냐는 말하기 어려울 것이다. 펠레 시절 브라질은 공격지향적인 4-2-4 진형으로 월드컵에서 우승했지만 최근엔 많은 팀에서 4-4-2 구조를 선호한다.

비즈니스 세계에서도 단 하나의 최상의 구조란 없다. 맛과 가격의 통일을 위해 표준화와 엄격한 통제를 위주로 하는 맥도날드의 조직구조가 햄버거 장사에는 최상이지만, 창의적이고 자유로운 업무환경이 필요한 IT 기업에는 최악일 것이다. 무엇이 최상이냐는 조직이나 상황에 따라 다를 것이다.

그래서 리더들은 주어진 상황에서 가장 효과적인 조직구조를 찾기 위해 고민하면서 환경, 전략, 기술 등을 고려해 이를 최대한 뒷받침할 수 있는 구조를 선택한다. 예컨대, 앞에서 언급했듯이, 추구하는 전략의 방향이 비용절감이냐 혁신이냐에 따라 수직적인 관리 중심의 구조가 답일 수도 있고, 구성원들이 자유로운 업무를 수행할 수 있도록 수평적이고 느슨한 통제구조가 답일 수도 있을 것이다.

스포츠든 일반 조직이든, 구조는 사람들의 역할과 책임을 가리킨다. 어떤 구조이냐에 따라 사람들은 전혀 다르게 움직인다. 조직이 제대로 효율적으로 움직이지 않는다면 그것은 구조적 결함에서 비롯된 것일 수 있다. 그래서 현재의 구조가 조직의 목적과 기능을 제대로 실현하고 있으며 생산성에 어떤 영향을 주는지 점검해야 한다.

핵심 point!

조직은 합리성에 의해 움직일 때 최상이지만, 그 구조는 상황과 부합해야 한다.

실습

조직진단

내가 속한 조직을 대상으로 그 조직의 구조적 특성을 다음과 같은 차원에서 조사해보자.

1. 집권화되어 있는가, 또는 분권화되어 있는가? 무엇을 보고 그렇게 판단할 수 있는가?

2. 조직의 업무 처리들은 어느 정도 표준화되어 있는가?

3. 이 조직은 유기적 조직이라고 할 수 있는가, 아니면 기계적 조직이라고 할 수 있는가? 그 근거는?

4. 이 조직의 구조적 문제점을 지적하고 그 대안을 제시해보자.

제12장

조직을 움직이는 힘 - 인간

제12장

조직을 움직이는 힘 — 인간

1 조직은 사람이다

사례 : 흥하는 도요타와 쇠퇴하는 GM의 차이

미국 캘리포니아주 프리몬트에는 일본 도요타와 미국 GM이 합작해 만든 뉴 유나이티드 모터스 매뉴팩처링(New United Motors Manufacturing: NUMMI)이라는 자동차 생산공장이 있다. 이 공장은 원래 GM이 운영하던 공장으로 극한 노사 대립, 최악의 생산성 등으로 1982년 폐쇄됐던 곳이다. 당시 프레몬트 공장은 거의 모든 최악의 기록을 갖고 있는 상태였다. 가장 낮은 품질, 가장 낮은 생산성, 그리고 가장 격렬한 노사갈등이 공장을 지배하고 있었다. 파업은 일상화되고, 이직도 잦았다. 결근율은 20%에 육박했다. 공장에선 알코올 중독자와 마약 사용자들이 늘어나고 있다는 보고도 올라왔다. 한때 7200명까지 고용했던 공장은 이렇게 순식간에 무너졌고 급기야 폐쇄라는 결정에까지 이르렀다.

도요타는 경영을 맡는다는 조건으로 GM과 공동 투자해 1984년 프리몬트 공장을 재가동하게 되었다. 85년 누미(NUMMI) 공장이 다시 문을 열고 생산을 시작했을 때, 공장 노동자 가운데 85%는 예전 공장에서 일하던 사람이었다. 그 노동자들은 여전히 같은 자동차산업 노조 소속이었다. 임금 등 급여 수준도 GM과 포드처럼 시간급 27달러. 일본 도요타 본사가 4년째 기본급을 동결한 것과 달리 매년 2%씩 자동적으로 올라간다. 물론 장비도 똑같았다. 경영진만 일본인으로 바뀌었을 뿐, 폐쇄 3년 만에 똑같은 사람들이 똑같은 장소에서 똑같은 장비로 생산을 시작한 것이다.

결과는 놀라웠다. 86년 누미에서 측정된 자동차 1대당 조립시간은 19.6시간으로, 78년 같은 장소에서 GM이 생산하던 때의 29.1시간보다 거의 50%나 향상됐다. 같은 해 매사추세츠 주 GM 공장보다도 57%나 높은 생산성을 보여줬다. 한때 150억엔에 달했던 누적 적자도 상반기에 모두 털어냈다. 설립 20년 만에 흑자 회사로 전환한 것이다.

일본 경영자들이 GM 공장에서 도대체 무슨 일을 벌였기에 같은 공장에서 이렇게 엄청난 생산성 차이가 나타난 것일까?

누미를 면밀히 살펴본 전문가들은 노사 대립이 아닌 노사 상생 문화에서 그 답을 찾는다. 창립 당시 도요타 경영진은 생산라인에 인사·노무 담당자들을 전면 배치해 종업원들의 불만·

불평을 체크했다. 심지어 화장실 낙서까지 매일 기록했다. 이런 현장주의는 1950년 도요타 대파업의 산물이다. "노사 분규는 톱(Top)이 현장을 모르기 때문에 일어난 일"이라는 반성에 따라 분규 봉합 직후 인사·노무 담당자들을 현장 라인에 배치했다.

"우리는 노동자들을 인간으로 대접했습니다. 그게 GM과 우리의 다른 점이지요."

미국 GM과 일본 도요타가 함께 미국에 세운 자동차 공장 '누미'의 성공비결을 묻는 질문에 대한 일본인 경영자의 대답이었다.

(자료 : J. Pfeffer, Competitive Advantage Through People: Unleasing the Power of the Work Force, Boston: Harvard Business School Press, 1994)

20세기 후반이후, 사람에 대한 기업 리더들의 인식은 크게 바뀌었다. 사람을 비용이 아닌 기업의 자원 또는 자산으로 보기 시작한 것이다. 그래서 우리가 흔히 말하는 인사관리(personal management)라는 용어도 20세기 후반이후 인적자원관리(human resource management)로 바뀌었다.

21세기 들어와서 사람을 자산으로 보는 시각은 더욱 발전한다. 제품, 시장, 조직이 더욱 복잡해지면서 사람이 지닌 지식과 역량의 가치가 높아지고 있다. 원자재와 자본을 효율적으로 결합하거나 결합방식을 개선할 수 있는 능력은 인적자원에게만 존재하고 인적자원은 쉽게 모방할 수 없는 자원으로 강조되고 있다. 기업의 경쟁우위요인이 기술이나 비용이 아닌 종업원의 역량에 있다는 인식이 자리 잡으면서, 사람에 대한 투자와 이들의 역량을 이끌어내기 위한 노력이 중시되고 있다.

이러한 시각 변화는 단순히 이론적인 설득력에 의해서가 아니다. 일부기업들은 오랜 기간 동안 치열한 경쟁 환경 속에서 특별한 지속적인 경쟁우위요인도 없이 지속적인 성공을 거두고 있다. 사람을 중시한 인적자원요인들이 실제로 기업의 긍정적인 경제적 수치와 깊은 연관성을 보여주고 있는 것이다.

미국의 3,452개 회사를 대상으로 조사한 결과, 종업원의 기술과 모티베이션으로 측정된 인적자원 지표가 높은 회사는 이직률이 낮은 동시에 매출액 및 수익은 월등히 높은 것으로 나타났고, 종업원당 주가도 18,000달러 증가한 것으로 보고되었다. 1996년 702개 회사를 대상으로 한 페퍼(Pfeffer)의 연구에서도 인적자원 지표는 주가와 밀접한 연관성을 보여주었다.

성공하는 회사들은 업종의 선택, 기술 개발, 규모의 경제 등을 통해 경쟁력을 확보해왔다는 것이 지금까지의 상식이었다. 하지만 수많은 성공한 회사들의 사례들은 궁극적인 성공요인이 이런 요인들이 아닌 '사람', 즉 인적자원의 경쟁력에 있었다는 것을 보여준다.

사우스웨스트 항공, 월마트, 플레넘 출판사, 노드스트롬, 링컨

일렉트릭, NUMMI, 타이슨 푸드 등의 사례들은 이러한 주장을 뒷받침해준다. 이 기업들은 속한 산업군이 매력적이지 않았을 뿐더러 규모의 경제를 누린 것도, 신기술을 개발한 것도 아니었다. 오로지 인적자원의 경쟁력 확보를 통해 성공을 이뤄낸 기업들이다.

이러한 결과들은 인간의 기술, 에너지, 모티베이션 등이 조직의 중요한 자원으로서 조직의 성패를 결정할 수 있다는 것을 보여주고 있다. 조직은 결국 '사람'인 것이다.

사람을 움직이는 힘

사례 : 호손 공장

작업장에서 종업원들의 능률을 높이거나 떨어뜨리는 요인은 무엇일까? 그 요인을 밝히기 위해 하버드대학의 연구원들은 1924~1932년에 미국 시카고 교외에 있는 전화기 메이커인 웨스턴 일렉트릭사의 호손공장에서 실험을 했다. 연구원들은 한 작업실 안에서는 조명의 밝기를 다양하게 조절했고, 다른 작업실에서는 조명을 계속 일정하게 유지했다. 그런 뒤 두 집단의 작업 성과를 비교해 보았다. 그 결과, 두 집단의 성과가 모두 증가했고, 심지어 조명의 밝기를 낮추었음에도 불구하고 생산성은 양쪽에서 모두 향상되었다.

1927년부터 이들 연구팀은 그 원인 해명에 나섰다. 6명의 여자 종업원들을 대상으로 계획적 휴식시간 부여, 회사급식 도입, 노동시간 단축 등 여러 가지 노동조건 개선을 시험하였다. 예상대로 생산성은 향상되었다. 그러나 놀랄만한 것은 이 개선책을 모두 중단하고, 노동조건을 원래대로 되돌려도 생산성은 계속 향상되어 가는 것이다.

이러한 생산성 향상의 원인은 작업조건 이외의 '무엇'인 것이 확실해졌다. 그래서 이 원인을 검토한 결과, 실험과정 자체가 작업자의 심리적 변화를 낳고, 심리적 변화가 작업능률의 향상을 가져온다는 것이 추측되었다.

그리하여 종업원의 작업에 영향을 주는 '무엇'을 찾기 위해 1928년부터 30년까지 2년에 걸쳐 종업원 2만 1,126명을 대상으로 면접을 실시했다. 그들은 일, 노동조건, 상사, 회사에 대한 불만사항을 솔직히 말했고, 그 결과 의외의 사실을 알게 되었다. 면접 그 자체가 치료적 효과를 가지고 있다는 것이다. 면접을 통해 회사에 대해 매일 느끼고 있는 것을 솔직하게 말할 수 있는 기회를 부여받음으로써, 기업의 톱니바퀴에 불과하다고 생각했던 자신의 중요성을 느끼기 시작했던 것이다.

그리고 작업능률을 좌우하는 요인은 작업환경이나 돈이 아니라 종업원의 심리적 안정감이며, 사내친구관계, 비공식 조직, 친목회 등이 그들의 사회적 욕구를 만족시켜 과업성과에 긍정적 영향을 줄 수 있다는 사실을 알게 되었다.

이와 같은 결과는 당시까지 사람의 욕구를 주로 경제적인 면에만 초점을 맞추었던 인간관에서 벗어나 사람의 사회적 욕구에 눈을 돌리게 되는 계기가 되었다. 또한 호손공장 실험은 조직의 생산성에 사람의 욕구가 얼마나 중요한 역할을 하는지 보여주었다.

맥그리거(D. Mcgregor)는 경영자들이 사람의 본성에 대해 잘못된 생각을 갖고 있다고 주장하면서 전통적인 인간관에 문제를 제기하였다. 그는 사람의 본성을 부정적으로 보는 X이론과 이의 반대의견으로서 사람의 본성을 긍정적으로 보는 Y이론이 있다고 설정한다.

X이론 인간관에 의하면 사람은 본래 노동을 싫어하고 경제적인 동기에 의해서만 노동을 하며 명령이나 지시받은 일밖에 하지 않는다는 것이다. 순자의 성악설에 비유할 수 있는 가설로서, 사람은 선천적으로 게으르고 책임지지 않고 무능하므로 채찍을 가해서 열심히 일하도록 해야 한다는 인간관이다. 따라서 엄격한 감독, 상세한 명령 지시, 상부로부터의 하부에 대한 지배 중시, 금전적 자극 등을 중심으로 하는 관리가 필요하게 된다.

그러나 맥그리거는 Y이론의 인간관이 필요하다고 지적한다. Y이론 인간관에 의하면, 사람에게 노동은 놀이나 휴식과도 같으며 사람은 자기의 능력을 발휘, 노동을 통해 자기실현을 바라고 있다고 본다. 사람은 또한 타인에 의해 강제적으로 일하게 되는 것이 아니라 스스로 설정한 목표를 위해 노력한다는 것이 Y이론이다. 이것은 맹자의 성선설에 비유할 수 있는 가설로서, 적절한 동기만 부여되면 사람은 기본적으로 자기 통제적일 수 있으며, 노동에서도 창조적일 수 있다는 인간관이다.

경영자는 종업원에 대해 X이론의 인간관을 가질 수도 있고 Y이론의 인간관을 가질 수도 있다. 이러한 인간관의 차이는 매우 중요하다. 사람 본성에 대한 믿음은 사람 본성 자체를 바꿀 수도 있기 때문이다.

경영자가 X이론의 인간관을 가지고 있다면 종업원들을 철저히 감시 통제하려 할 것이다. 감시를 당하는 종업원들은 당연히 자율적으로 일을 하기 보다는 상사의 눈치를 보면서 일을 할 것이다. 결국 종업원들의 이러한 행동을 지켜보는 경영자는 자신의 판단이 옳았다고 느낄 것이고 더욱 자신의 인간관을 믿게 될 것이다.

그러나 경영자가 Y이론의 인간관을 갖고 있다면 가정해보자. 아마도 그 반대의 상황이 일어날 것이다. 경영자는 종업원들이 자율적이고 책임 있는 행동을 할 것으로 신뢰하고 믿으며, 종업원들은 이러한 기대에 부응하는 행동을 하게 된다. 그리고 종업원들의 책임 있는 행동을 보게 되는 경영자는 자신의 Y이론적 인간관에 대한 믿음을 다시 한번 확인하게 될 것이다. 인간관이 선순환 또는 악순환 되는 것이다.

따라서 종업원들이 의존적이고 어린이 같은 행동을 할 것이라고 예측한다면, 그들이 성숙한 행동을 할 가능성은 그만큼 낮아질 것이다.

피그말리온 효과 : 기대가 태도와 행동을 바꾼다

누군가를 대상으로 잘 할 것이라고 기대하면 그 사람은 그 기대에 맞추기 위해 노력을 하게 된다. 이와 같이 긍정적으로 기대하면 기대에 부응하는 행동을 하게 되는 것을 피그말리온 효과(Pygmalion Effect)라 한다.

미국의 교육학자인 로젠탈(Rosenthal)과 제리콥슨(Jacobson)은 초등학교 교사들을 대상으로 피그말리온 효과를 확인해보기로 했다. 학년 초에 초등학교 1학년과 2학년 담임교사들에게 몇 명의 학생들 명단을 주면서 이 아이들은 학습능력예측검사에서 잠재력이 매우 우수한 것으로 확인되었다고 말해 주었다. 사실, 이 아이들은 검사 결과나 학업성적과는 상관없이 무작위로 선택된 아이들이었다. 1년이 지나 학년말에 학생들의 학업성적과 행동을 평가했다. 평가 결과, 잠재력이 뛰어난 것으로 기대되었던 아이들은 그렇지 않았던 아이들과 비교했을 때 전년도에 비해 지능검사의 점수와 학업성적이 현저하게 증진되었다.

원래는 기대 집단의 아이들과 비교집단의 아이들은 능력 면에서 차이가 없었다. 단지 교사가 기대하는 바에서만 차이가 있었던 것이다. 교사는 잠재력이 있다고 기대되는 아이들에게 관심을 많이 기울였을 것이고, 잘못을 했을 때도 잠재력을 믿기 때문에 격려를 아끼지 않았을 것이다. 기대 받는 아이들은 이러한 교사의 기대에 부응하기 위해 더 많은 노력을 기울일 수밖에 없었을 것이다. 그 결과, 1년이 지난 다음에는 정말로 잠재력이 개발된 모습을 보여주었다.

'잠재력이 있으며 기대 받고 있는 사람'이라는 느낌만으로도 사람은 달라진다. 관심과 애정이 담긴 기대를 받으면서 "할 수 있다"는 자신감을 갖게 되면 더 많은 노력을 하게 된다.

성공하는 회사에서 사람을 바라보는 방식

경쟁회사들이 인원감축을 비롯한 비용절감전략으로 경영위기를 헤쳐 나가려는 경향과는 대조적으로, 종업원들의 잠재되어 있는 재능과 에너지를 끌어내는 데에 집중하여 성공적인 결과를 이끌어낸 회사들이 있다.

미국 사우스웨스트(Southwest)항공은 잘 알려진 성공 사례이다. 이 항공사가 어떻게 미국의 타 경쟁 항공사들을 이겼는지에 대한 이야기는 유명하다. 모든 경쟁회사들이 비용을 절감하기 위해 노력하는 상황에서 사우스웨스트항공사는 어떤 전략적 조치나 기술보다는 경쟁우위를 위해 직원들을 중시하는 방법을 선택했다.

이 항공사의 허브 캘러허(Herb Kelleher) 회장은 이렇게 말한다.

"경쟁자들이 모방하기 가장 어려운 것은 무형의 것이다. 그래서 나의 가장 큰 관심은 단결심, 문화, 정신을 잃지 않는 것이다. 우리가 그것을 잃는다면, 우리의 가장 소중한 경쟁적 자산을 잃게 될 것이다."

버진레코드 음반회사와 버진 애틀랜틱(Virgin Atlantic) 항공사 등의 창업주인 브랜슨(R. Branson) 역시 종업원이 먼저이고 다음이 고객, 마지막이 주주라고 주장한다. 그는 회사가 종업원을 대하는 방식과 이익은 깊은 관계가 있다고 믿고 있다.

직원들에게 항상 '동료'라고 부르는 월마트의 샘 월튼(Sam Walton) 창업회장의 철학은 한마디로 "사람이 중심"이다.

"이익을 동료들과 나눌수록 더 많은 이익이 회사에 돌아간다. 그 이유는, 경영자가 동료들을 다루는 방식대로 동료들은 고객들을 대하기 때문이다. 그리고 동료들이 고객을 잘 응대해주면 고객들은 계속해서 찾아올 것이다. 바로 그렇게 해서 수익이 발생하는 것이다."

2000년 연속 2년 포춘(Fortune)이 선정한 '미국인들이 가장 존경하는 기업 1위'를 차지한 세계 최대 건물관리업체인 서비스매스터(ServiceMaster)는 그들의 핵심경쟁요인이 직원들을 훈련시키고 개발시키는 능력에 있다고 지적한다. 이 회사 회장인 윌리엄 폴라드(W.

Pollard)는 다음과 같이 말한다.

> "서비스매스터에서 우리 앞에 놓인 과업은 직원들이 더 효과적으로 일하고 더 생산성을 높이며 더 훌륭한 사람이 되도록 그들을 훈련시키고 동기 부여하는 일이다. 그것은 단순한 직무 이상의 것이며…… 우리의 미션이다. 우리가 이익에만 초점을 맞춘다면 회사는 영혼이 자라는 곳이 되지 못할 것이다. 궁극적으론, 직원들이 방향과 목표의식을 잃게 되고, 고객을 잃게 되어 마침내 이익도 잃게 될 것이다…… 오직 사람만이 이끌 수 있고 오직 사람만이 혁신과 창조를 할 수 있다."

소프트웨어회사 SAS는 '세계에서 가장 건전한 회사'로 불린다. 장시간 노동, 낮은 충성심, 높은 이직률로 알려진 사업특성에도 불구하고, SAS는 35시간 노동을 강조하고 직원들의 연로한 부모를 대신 돌봐주는 '가정생활부'를 운영하는가 하면 본인이나 가족이 아프면 무제한의 휴가까지 제공된다. 이처럼 직원들을 아끼고 신뢰한 덕택에 이 회사의 이직률은 극히 낮으며 해마다 고속 성장을 거듭하고 있다. 이 회사 CEO인 굿나이트(Goodnight)는 자신이 대우받기 원하는 방식으로 종업원들을 처우해줘야 한다고 믿는다. 어른을 고용해서 어른처럼 대우해주면 그들은 어른처럼 행동할 것이라는 믿음을 갖고 있다.

이들 회사들이 다른 회사와 다른 점은 구성원들에게 직무 이상의 것을 제공한다는 것이다. 그들은 구성원들이 소속감, 안정감, 상호신뢰와 존중감을 느끼게 해준다.

초일류기업 연구 전문가인 드 제우스(A. de Geus)는 저서『살아 있는 기업(The Living Company)』에서, 많은 기업들의 수명이 짧은 이유는 정책을 세우고 실행하는데 있어 과도하게 경제적인 고려만을 하고 있기 때문이라고 지적한다. 기업의 경영자들이 제품과 서비스를 생산하는 데에만 주목해 기업 자체가 사람들로 구성된 하나의 공동체라는 사실을 망각하기 때문이란 것이다. 그는 경영자들이 토지, 노동, 자본에 관심을 갖지만, 정작 노동이란 것이 실제 사람들을 의미한다는 사실을 간과하고 있다고 주장한다.

사람이 조직에서 행복해야 조직에게도 이롭다. 사람은 조직이 자신의 욕구를 충족시켜줄 때 자신의 역량을 최대로 발휘하게 마련이다. 조직의 미래는 사람을 어떻게 대하느냐에 따라 결정될 것이다.

핵심 point!

조직은 사람의 마음이 이끄는 것이다.

실습

동기유발방법

사람들을 동기유발 시키기 위한 방법에 대해 생각해보자.

1. 사람들을 무엇에 의해 동기유발되는가? 자신 또는 다른 사람이 어떤 일에 열정적으로 동기유발된 사례를 생각하면서 동기유발 요인(또는 원인)들을 열거한다.

2. 사람들의 동기수준을 떨어뜨리는 것들은 무엇인가? 자신 또는 다른 사람이 어떤 일에 전혀 동기가 유발되지 않았던 사례를 생각하면서 그 요인(또는 원인)들을 열거한다.

제13장

조직을 움직이는 힘 - 정치

액션러닝으로 배우는 **성공적인 조직생활 전략**

제13장

조직을 움직이는 힘 — 정치

조직은 정치다

사례 : 이스트먼 코닥(Eastman Kodak)

필름을 생산하는 이스트먼 코닥은 최근 몇 년 동안 수익이 감소하고 있다. 경쟁기업의 수가 늘어났고 필름제작 기술에서도 우위를 지키지 못하고 있었으며 경쟁기업에서는 값이 저렴한 필름을 시장에 내놓고 있었다. 코닥의 수익감소는 환경변화와 사업에 대한 경쟁 위협에 적절하게 대응하지 못한 결과였다. 코닥의 최고경영자인 화이트모어(Kay Whitemore)는 코닥이 예전의 경쟁력을 회복하기 위해서는 과감한 변화가 요구되는데도 불구하고 이러한 변화를 시도하기를 주저하였다.

1993년 코닥은 스테펜(Christopher Steffen)을 총괄부사장으로 영입하였다. 스테펜은 크라이슬러(Chrysler)와 헤니웰(Honetwell)에서 기적을 만들어냈던 주인공으로 해결사로 명성이 있었던 사람이었기 때문에 그의 영입소식이 알려지자 코닥의 주가는 17%나 급등하였다. 그러나 스테펜은 임명된 지 일주일도 지나지 않아서 '문제해결을 위한 회사의 접근방식과의 차이'로 인해 사임하였다.

스테펜은 대규모의 일시해고를 포함한 비용절감계획을 단행해야 한다고 주장했다. 이러한 해고조치에 가장 큰 영향을 받는 부서는 생산부서였으며, 생산부서장은 해고를 막기 위해 많은 노력을 하였다. 스테펜은 연구개발부서나 마케팅부서, 판매부서 등의 부서에 많은 권한을 위임할 것을 제안하였다. 즉 연구개발부의 위치를 최고경영자 바로 밑에 위치시키고 많은 재량권을 부여하였으며 마케팅부의 의견을 제품의 생산에 적극 반영시킬 것을 제안하였다. 당시 코닥의 생산부서와 마케팅부서 간에는 갈등이 존재하고 있었다. 마케팅부서에서는 소비자들과의 직접적인 접촉을 통해 소비자의 욕구가 다양하다는 것을 알고 있었으며 그러한 욕구를 충족시킬 수 있는 고객지향적 제품의 생산이 필요하다고 주장하고 있었다. 이러한 마케팅부서의 제안에 연구개발부서는 찬성이었지만 생산부서에서는 동의하지 않았다. 고객지향적인 제품을 생산하려면 비용이 많이 들고 시간이 더 소요되며 표준화된 제품을 생산함으로써 얻을 수 있는 효율성이 낮아지기 때문이다. 이러한 생산부서의 의견에 회계부서는 동의하였다.

스테펜은 개혁적인 변화전략을 제안하고 이것이 성공적으로 추진되기를 기대했다. 그러나 화이트모어는 코닥의 전통적인합의를 기초로 한 의사결정 방식을 추구하면서 좀 더 점진적인 변화를 원하고 있었다. 또한 화이트모어는 스테펜의 의견대로 회사의 재조직화가 이루어질 경우 자신의 입지가 위협받을 것이라는 두려움도 있었다. 과거와 마찬가지로 자신의 권익을 보호하려는 코닥의 최고경영자집단은 스테펜과 주주들이 주장하는 회사의 혁신시도에 저항하였다.

(자료 : Gareth R. Johns, Organization Theory, Reading, Mass: Addison Wesley, 1995, p. 504)

조직은 공통된 목표를 가지고 있지만, 구성원들의 이해관계는 모두 같지 않다. 조직의 구성원들은 조직의 공통 목표 이외에 각자 고유한 욕구와 목표를 가지고 있으며, 자신의 이익을 최대화하기 위해 끊임없이 노력한다. 그리고 조직의 이익과 개인의 이익이 충동한다면, 사람들은 당연히 자신의 이익을 선택할 것이다. 따라서 좀 더 냉철하게 본다면, 조직은 다양한 이해관계로 얽힌 개인과 이익집단으로 구성된 연합체라고 할 수 있다.

갈등은 조직의 생리상 불가피하다. 조직에는 공통된 목표가 있지만, 동시에 구성원들간에는 목표와 이해관계 차이도 분명히 존재하기 때문이다. 역할의 차이, 자원의 차이, 다루는 정보의 차이, 가치관, 전통의 차이 등 조직에는 갈등이 발생할 수 있는 소재로 가득

차 있다고 할 수 있다. 게다가 조직의 자원과 예산, 사람들은 제한되어 있고 우리가 할 수 있는 행동도 제한되어 있다. 구성원들은 이들 자원 가운데 각자의 공정한 몫을 원한다.

모든 조직생활에서 발생하는 갈등과 이해관계를 조정하고 한정된 자원을 적절히 배분하는 과정이 바로 정치이다. 〈표 13-1〉에서 볼 수 있듯이, 정치에 대한 일반적인 선입견은 부정적이지만, 조직의 자원이 한정되어 있고, 구성원들은 다양한 이해관계를 가지고 있다면 조직은 정치와 밀접한 관계를 가질 수밖에 없다. 따라서 상충된 이해관계와 갈등을 효과적으로 관리하기 위한 정치적 기술은 리더가 갖추어야 할 핵심 역량 가운데 하나라고 할 수 있다.

〈표 13-1〉 조직에서 정치에 대한 관리자의 생각

질문	동의하는 비율(%)
정치의 존재는 모든 조직에서 흔한 현상이다	93.2
성공적인 임원은 훌륭한 정치가가 되어야 한다.	89.0
조직에서 높은 지위로 올라갈수록 정치적 분위기는 더욱 짙어진다.	76.2
막강한 힘을 가지고 있는 임원들은 정치적인 행동을 하지 않는다.	15.7
조직에서 앞서나가기 위해서는 정치적일 필요가 있다,	69.8
최고경영자는 조직 안에서 정치적인 행위들을 제거해야 한다.	48.6
정치는 조직이 효과적으로 움직이는데 도움을 준다.	42.1
정치가 없는 조직은 정치가 만연한 조직보다 행복하다.	59.1
조직에서 정치는 효율성을 해친다.	55.1

(출처 : Jeffrey Gandz, and Victor V. Murray, "The Experience of Workplace Politics", *Academy of Management Journal*, 23, 1980, 244쪽)

organization 2

권력

앞의 코닥 사례를 보자. 스테펜이 제시한 방안은 회사가 처한 상황을 고려할 때 타당할지 모른다. 그러나 회사 측에서는 그러한 방안을 수용하지 않았다. 조직의 생리는 그처럼 합리적이지 않은 것이다.

우선, 현재 최고경영자집단에게도 스테펜의 시도는 염려스러운 점이 있다. 스테펜의 제안대로 조직이 재편된다면 스테펜의 영향력은 더욱 커질 것이고 조직내에서 자신들의 입지는 낮아질 것이기 때문이다.

해고에 의해 가장 큰 영향을 받게 되는 생산부서의 장이 이를 막기 위해 노력을 기울인 것도 부하들에 대한 인간적 배려 때문만은 아닐 것이다. 부하의 숫자가 줄어들면 조직 내에서 자신의 입지가 그만큼 약화될 것이 우려되기 때문이다.

이처럼 조직의 의사결정은 종종 합리성 차원이 아닌 권력과 이해관계에 의해 이루어진다. 권력(영향력)을 가진 사람이 원하는 것을 갖는다. 권력은 생존과 정치에서 가장 중요한 자원이다.

그렇다면 조직에서 어떻게 권력을 획득할 것인가? 왜 어떤 사람은 지위가 같아도 다른 사람들보다 영향력이 있는 것처럼 보이는 걸까? 왜 어떤 사람은 지위가 높아도 다른 사람들에게 영향력이 없는 걸까?

우리가 어린 시절부터 부모로부터 배운 첫 번째 교훈은 '말을 잘 듣는 것'이었다. 즉, 의존과 복종이다. 이건 학교에 들어가서도 마찬가지이다. 말 잘 들으면 착하고 훌륭한 사람이 된다는 말을 수없는 들어왔다.

그러나 영향력이나 권력을 행사하는 방법에 대해서는 배운 바 없다. 그 결과 우리는 우리가 가지고 있는 권력의 잠재력에 대해 무지하다. 공식적으로 권한을 받은 윗사람도 마찬가지이다. 상사는 종종 자신의 권력을 과대하게 지각하고 있고 부하는 자신의 권력을 과소평가하곤 한다.

상사는 부하를 고용하고 명령을 내리며 보상해주고 처벌할 수 있다. 그러나 부하는 항상 그들의 명령을 따르지는 않는다. 상사가 주는 당근과 채찍을 부하들은 간혹 무시하기도 한다. 부하를 해고할 수 있지만 그것은 시간과 돈과 에너지가 필요하다.

부하들은 자신들이 먹이사슬의 바닥에 있다고 생각하지만 그건 착각이다. 권력의 형태는 다양하다. 그리고 눈을 제대로 뜨고 바라보면 권력을 만드는 원천은 사방에 널려있어서 지위가 낮은 사람도 얼마든지 자신의 권력을 높일 수 있다.

권력은 리더가 조직을 이끌어나가기 위한 가장 기본적인 수단이다. 권력이 없거나 부족하다면 리더는 조직을 이끌어나가기 위한 영향력을 행사하기 어려워진다. 리더십이 얼마나 잘 발휘되느냐는 리더의 권력과 영향력의 크기에 달려있다고 해도 과언이 아닐 것이다.

리더는 사람들을 이끈다고 생각하나, 만약 따르는 자가 없다면 그는 단지 혼자서 걸어가고 있는 사람일 뿐이다. 조직을 자신의 의지대로 이끌어가기 위해서 리더에게 권력은 많을수록 좋다.

그렇다면 어떻게 자신의 권력의 크기를 향상시킬 것인가? 권력은 자신에게 주어진 지위나 권한에서만 나오는 것이 아니다. 권력은 권한 외에도 의존성, 인간적 매력, 전문성, 상호호혜감으로부터 나온다.

① 권한 : 개인에게 주어진 자리에 부여되는 권력으로, 합법적 권력이라고 한다.

② 의존성 : 돈, 장비, 중요한 인물에 대한 접근, 중요한 정보 등 희소가치 자원을 가지고 있어 도움을 받거나 또는 불이익

을 받지 않는 것이 그 사람에게 달렸다는 믿음을 사람들에게 심어주면 의존성을 불러일으킨다.

③ 상호호혜감 : 다른 사람으로부터 호의를 받게 되면 호의를 갚고 싶은 의무감을 느끼게 되어 그에게 심리적으로 영향력을 받게 된다.

④ 전문성 : 어떤 분야에서 전문가로서 능력을 인정받게 되면 그 사람은 무시할 수 없는 존재가 되고 그 분야에 관한 한 사람들은 그를 추종하게 된다.

⑤ 인간적 매력 : 사람들은 상대방에게 어떤 매력을 느끼거나 존경스러운 사람이라고 마음속으로 생각하면 그를 추종하게 된다.

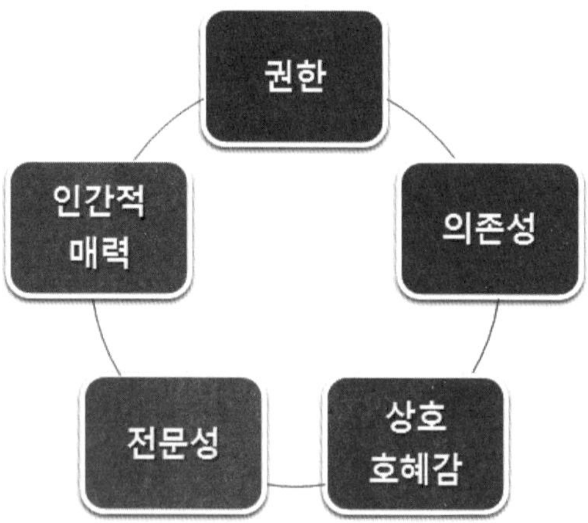

권력의 원천이 다양하다는 사실은 누구나 권력을 얼마든지 키울 수 있다는 것을 의미한다. 유능한 리더는 어느 하나의 유형의 권력에 의존하기 보다는 여러 가지 유형의 권력을 동시에 활용함으로써 더욱 강력한 영향력을 발휘한다.

연대형성에 의한 영향력 확대

조직은 상호의존관계에 있고 복잡해서 모든 일을 혼자 마음껏 움직여나갈 수 없다. 조직의 규모가 큰 경우에는 더욱 그렇다. 직책이 높아질수록 권한이 증대되지만 그 반면에 의존관계도 더욱 커지며, 일을 성공적으로 추진해 나가기 위해서는 수많은 타인들의 협조가 필요하다. 따라서 리더에게 필요한 중요한 자원 가운데 하나는 바로 연대 또는 후원자들이다.

대부분의 조직은 구성원들의 이해관계가 서로 얽혀있는 정치판과 같다. 리더의 중요한 과업 중의 하나는 이러한 정치판에서 자신이 속한 집단을 위해 설득력 있고 영향력 있는 주도자로서의 역할을 수행하는 것이다. 이를 위해 리더에게는 조직이 앞으로 나아가는데 필요한 연합세력 구축과 거래관계 강화를 위한 협상기술이 요구된다.

임무를 효과적으로 수행해 나가기 위해서, 리더에게 충성스럽고 신뢰할 수 있는 후원자 또는 협력자들을 확보하는 일이 필수적이란 사실은 너무나 당연해 보인다. 그러나 실제로는 많은 리더들이 후원자 또는 연대의 중요성을 간과하고 있다. 리더가 자신을 지지해주는 연대집단을 확보하지 않는 채, 수많은 이해관계자들이 존재하는 조직을 이끌어나가기란 매우 어렵다.

자신을 지지해줄 연대나 후원자를 확보한 후 상대방에게 자신의 주장이나 요구를 하는 장면은 어린이들에게도 흔히 볼 수 있다. 내 아이 경우에도, 장난감을 사달라고 조를 때는 늘 친구들의 이름을 거론한다. 그 애들도 있는데 자신만 없으니 사달라는 것이다. 이것이 여의치 않을 경우 이번엔 할아버지와 할머니를 후원자로 삼는다. 언제나 자기편에 서는 할아버지나 할머니로 하여금 부모를 설득시키게 하는 것이다.

아이들도 의사결정에서 자신의 권력(힘)이 부족한 경우 연대나 후원자를 확보하여 의사결정에서의 힘을 키워야한다는 것을 이미 체득하고 있는 것이다.

연대형성에 의해 영향력을 확대하기 위해서는 다음 두 가지가 필요하다. 첫째, 중요한 대인관계의 파악이다. 즉, 누구의 도움이 필요한지, 우리 편으로 만들 필요가 있는 사람이 누구인지를 파악한다. 이를 위해서는 주위 사람들이 가지고 있는 영향력을 파악해

두어야 한다. 여기엔 조직내부 뿐만 아니라 외부세력도 포함한다. 때론 외부 세력이 더욱 큰 영향력을 발휘할 때가 있다. 의사결정에서 실질적인 영향력을 행사하는 사람이 누구인지, 소위 드러나지 않는 실세는 누구인지에 대해 파악하는 것이 필요하다.

변혁을 꾀하는 사람들은 흔히 자신의 상사를 끌어들이는 일부터 먼저 착수한다. 그러나 연대의 중요성은 지위 순이 아니다. 또 예산이나 중요 사안을 다루는 분야의 사람들만 해당되는 것이 아니다. 전문적 지식을 가진 사람들과도 연대를 형성하는 것이 중요하다. 동료 또는 부하들 중에도 오피니언 리더들이 있기 마련이다. 회의를 주도하거나 회사의 현재 또는 미래의 핵심인물로 인정받는 사람들이다. 이들은 조직의 분위기를 형성하는 데에 있어 중요한 역할을 하므로 이들과의 연대는 여론몰이나 자신을 지지해줄 강력한 디딤돌이 될 수 있다.

둘째는 원만한 관계 형성이다. 즉, 당신이 필요할 때 항상 도움을 받을 수 있도록 그 사람들과 원만한 관계를 맺는 일이다.

사람들은 이해관계상 자신에게 득이 되거나 단지 요청받은 범주에서만 움직이기 때문에 이들이 스스로 최선을 다하여 협조를 해주는 경우는 드물다. 이들과 원만한 관계나 잠정적인 연대관계를 맺기 위해 흔히 볼 수 있는 방법으로는 권력을 가질 수 있는 중요한 자리를 얻도록 도와주는 일이다. 예컨대 요직에 자기 사람을 심으려는 리더들의 행동들도 여기에 해당되는 정치적 행동이라 할 수 있다. 그러나 이러한 방법은 흔히 조직 내 파벌을 야기하고 조직 전체의 효율성 차원에서 바람직하지 않은 경우가 많다. 최적의 인물보다는 정치적 계산에 의해 사람을 선택하기 때문이다.

보다 생산적인 방법으로는 호의를 베풀어 내 사람으로 만드는 일이다. 바로 상호호혜법칙을 이용하는 것이다. 앞에서 언급했듯이, 상호호혜는 권력의 크기를 확대시키는 방법 가운데 하나이지만, 특히 연대를 형성하는데 중요하다. 평소에 마음을 베풀어 내 사람으로 만들면 눈에 띄는 보상을 받지 않아도 결국은 자신의 든든한 후원자가 될 것이다.

리더는 자신의 임무를 성공적으로 수행해 나가기 위해서는 핵심 인물들과의 협력적 네트워크를 형성하는 일이 중요하다. 네트워크를 형성하는 일은 부하들을 비롯하여 동료들과 상사, 심지어 외부 세력과의 협력적 관계를 모두 포함한다.

일을 추진해 나가는데 필요한 적절한 환경 즉, 규범과 가치관을 조성하는 일도 중요하다. 조직문화나 분위기가 자신이 추진하려는 일의 방향과 부합하지 않는다면 커다란 장애물이 된다. 특히 리더가 혁신을 추진하려는 경우 조직문화는 중요한 변수가 될 수 있다. 이런 경우 리더는 흔히 여론을 이용하여 혁신이 불가피하다는 분위기를 사전에 띄우는 것이 필요하다.

혁신을 추진하는 리더들은 연대적 관계를 가지고 있는 후원자들과의 개별접촉을 통해 이들이 그 프로젝트의 추진과정에서 영향력을 행사할 수 있도록 최대한의 기회를 주는 것도 중요하다. 그리고 그 프로젝트의 성공에 그 사람이 가장 중요한 인물인 것처럼 느껴지도록 해야 한다.

사례 : 협력자의 모습으로 사람들을 내편으로

대학을 졸업한 후, 나는 동기생 29명과 함께 본사 2년제 관리자 훈련 코스에 참가했다. 2년 동안 나는 회사와 동료들에 대해 많은 것을 배울 수 있었다. 사원들간에는 무한경쟁이 이어졌고, 서로를 상대로 치열한 싸움을 벌였다. 2년이 지난 후 남은 인원은 25명이었고, 새로운 경쟁이 우리를 기다리고 있었다. 그때 나는 슬럼프에 빠졌다. 앞으로 20~30년간 벌어지게 될 경쟁이 나의 목표와 일치하지 않는다는 사실을 깨달았기 때문이다. 나는 진심으로 동료를 사랑했다. 또 그들의 재능을 존경했다. 회사를 그만두려던 찰나 나는 새로운 사실을 발견할 수 있었다.

"리더가 되려고 애쓰는 동료들이 성공하자면 좋은 협력자가 있어야 한다."

무엇보다 내게는 그들을 도울만한 능력이 있었고, 다른 24명의 동료가 나의 도움으로 리더가 된다면, 내게도 기회가 찾아올 것이라는 기대감이 있었다. 때문에 나는 협력자의 길을 선택했다.

나는 열심히 일했고 결국 부사장에 취임했다. 부하직원들의 눈에는 내가 리더로 보이겠지만, 나는 리더가 되려고 애쓴 적이 한 번도 없다. 나의 목표는 동료들과 경쟁하는 것이 아니라 협력자가 되는 것에 비중이 있었다. 구체적으로 나의 목표를 정의하면 동료들의 인정과 신뢰를 받는 것이다. 나의 승진은 협력자 정신의 결과이고 여기서 주목해야 할 사실은 훈련과정을 마치고 지금까지 살아남은 9명의 동료 중 모든 사람들과 친분관계를 유지하고 있는 사람은 나 하나라는 점이다. 그들 중에는 나보다 높은 사람도 있고, 낮은 사람도 있다. 또한 나보다 어린 사람이 내 위에 앉아있는 경우도 있다. 물론 나는 지금도 내 능력이 닿는 범위 안에서 그 사람들을 도우려고 노력하고 있다.

내 전략은 성과가 있었다. 리더가 되겠다고 다투지 않고, 우정을 유지하며, 권력과 정치의 끝없는 소용돌이 속으로 빨려 들어가지 않고도 일을 잘 하는 것, 그것이 바로 내 전략이었던 것이다.

(출처 : 김석우, 왕건에게 배우는 디지털 리더십, 느낌이 있는 나무, 2001)

핵심 point!

조직은 생존의 세상이다. 조직에서 나의 권력과 영향력을 키우기 위해 노력할 필요가 있다.

실습

나의 권력(영향력) 키우기

소속된 조직에서 주요 인물에 대한 권력의 원천을 분석하고 자신의 권력의 크기를 향상시키기 위한 방법을 생각해보자.

1단계 : 지위에 비해 권력(영향력)이 많은 사람과 그 반대의 사람을 분석한다. 해당되는 사람의 이름을 써보고, 이들이 가진 권력의 원천과 그 배경이 되는 특징들을 분석 및 비교해본다.

구분	이름	권력의 원천 및 특징
지위에 비해 권력(영향력)이 많은 사람		
지위에 비해 권력(영향력)이 작은 사람		

2단계 : 자신의 권력의 크기를 증대시키기 위한 실천 방안을 구상해 보자.

제14장

조직을 움직이는 힘 - 상징

액션러닝으로 배우는 **성공적인 조직생활 전략**

제14장

조직을 움직이는 힘 — 상징

상징의 힘

사례 : 영화 〈죽은 시인의 사회〉

새로 부임한 영어교사 존 키팅(로빈 윌리엄스 분) 선생의 수업 시간. 학생들에게 교과서 서문을 읽게 한 키팅이 내용에 맞게 그래프까지 그려가면서 충실한 설명을 하려는 듯이 보이고, 학생들은 진지한 표정으로 기다리는데, 그의 입에서는 뜻밖에도 "서문 전체를 찢어버려라"는 말이 튀어나온다. 학생들이 서문을 찢기 시작한다. 그리고 "내 수업에서는 다른 사람이 평가한 것을 보지 말고 너희들 자신이 생각한 것을 배워라. 말과 언어를 분석하지 않고, 있는 그대로 맛보는 것을 배울 것이다."라고 말한다.

키팅 선생의 독특한 수업방식은 계속된다. 키팅 선생은 수업하다 말고 책상 위로 올라가 "너희들은 곧 알게 될 거야. 이 위에서 보면 세상이 다르게 보인다는 것을. 여러분이 뭔가를 알고 있다고 생각하는 때에 또 다른 관점으로 그걸 바라봐야 한다. 책을 읽을 때, 작가가 뭘 생각하는지를 고려하지 마라. 자신만의 눈으로 작품을 보라. 획일적인 시각으로 사물을 보지 말고, 자유롭게 사고하고 느껴라"고 강조한다. 그리고 학생들에게도 책상위에 올라가볼 것을 제의한다.

어느 날 학생 닐은 연극이 전부라고 생각하지만 의사가 되어야 한다는 아버지의 격렬한 반대에 부딪혀 괴로워하면서도 '한여름밤의 꿈'을 공연하는 연극 무대에 올라 멋진 요정 연기로 갈채를 받는다. 이를 본 닐의 아버지는 공연이 끝난 후 닐에게 "웰튼 학교를 그만두게 하고 브레이든 군사 학교로 보낸 뒤 하버드에 진학시켜 의사로 만들겠다"고 윽박지른다. 아버지에게 꿈을 포기할 것을 종용당한 닐은 스스로 목숨을 끊는다. 학교측은 이 사건의 원인을 규명하다 키팅 선생을 희생양으로 만들기로 작정한다.

키팅 선생이 학교를 떠나는 날, 교장이 키팅을 대신해 수업을 하고 키팅은 학생들을 뒤로한 채 힘없이 교실 밖으로 나가려고 한다. 그 순간, 평소 수줍어하던 토드가 일어서서 "키팅 선생님, 학교에서 우리에게 사인을 강요했어요. 제 말을 믿으셔야 해요. 정말이에요. 그건 키팅 선생님의 잘못이 아니었어요"라고 울먹이며 말한다. 그러자 교장이 제지하며 "앉아라 토드. 떠나시오, 키팅 선생! 빨리 떠나시오"라고 외친다.

문을 열고 나가려는 키팅을 향해 토드가 결의에 찬 표정으로 "오 캡틴! 마이 캡틴!"을 외치면서 책상 위에 오르자 고민하던 학생들이 하나 둘씩 책상 위에 오른다. 학생들은 무언으로 키팅에게 "사랑합니다", "존경합니다", "저희는 선생님 편입니다"는 마음을 전한다. 교장은 학생들에게 고함을 지르며 경고와 협박을 한다. 이 광경을 눈물을 머금고 바라보던 키팅은 웃음 지으며 "Thank boys. Thank you"라는 말을 남기고 떠난다.

1989년 아카데미 각본상을 수상한 「죽은 시인의 사회」는 "참다운 교육이란 무엇인가"라는 질문을 던진 영화였다. 특히 이 영화의 상징적인 장면들은 수많은 사람들에게 감동의 눈물을 흘리게 하였다.

키팅 선생은 고유하고 자유로운 사고를 강조하기 위해 책상위에 올라가는 상징적 모습을 보여주었고, 학생들은 모함에 의해 떠나가는 키팅 선생을 향해 책상 위로 올라감으로써 그에 대한 존경의 마음을 표시하였다. 책상위에 올라간 행위는 같았지만 그것이 주는 상징적인 의미는 서로 같지 않았다.

만약 그들이 그런 상징적인 행동이 아니라 대사로 그와 같은 메시지를 전달했다면 어땠을까? 메시지는 더욱 구체적이었겠지만 아마도 우리가 그 장면을 보면서 받은 만큼의 감동의 깊이는 느끼지 못했을 것이다.

상징이란 어떠한 사상이나 개념 따위에 대하여, 그것을 상기시키거나 연상시키는 구체적인 사물이나 언어, 모습으로 바꾸어 나타낸 것을 의미한다. 언어는 명확하고 직접적이지만, 상징은 대부분 모호하고 간접적이다. 언어는 듣는 순간 이해할 수 있지만 상징은 그 속에 담긴 의미를 찾아야 한다. 때론 사람마다 그 의미가 다르기도 하다.

그렇지만 우리는 종종 상징을 이용하여 메시지를 전달한다. 특히 위대한 리더들은 대부분 상징을 능숙하게 활용한다. 그것은 상징이 어떤 구체적인 언어보다 오히려 훨씬 더 명확하고, 설득력 있게 메시지를 전달하는 힘이 있기 때문이다.

흔히 어떤 사건이나 물건 그 자체보다는 거기에 부여한 상징적 의미가 무엇이냐가 중요하게 작용한다. 지난 2006년 미국에서 어느 중학교 교사가 학생들에게 수업을 하던 중 성조기를 불태우고 학생들에게 이에 대한 의견을 적어내도록 지시했다. 하지만 이 같은 수업 내용에 격분한 학부모들은 학교로 찾아가 항의했고 결국 그 교사는 퇴출되었다. 국기가 단순한 헝겊은 아닌 것이다.

우리가 부여한 상징적 의미에 의해 비로소 그 상징물은 생명을 얻는다. 따라서 어떤 사건을 해석할 때에도 "무엇이 일어났는가"라는 그 사건 자체에 대한 해석도 중요하지만 그 사건이 가지는 상징적 의미가 무엇이냐도 중요하게 다루어야 한다. 어떤 사건이나 사물을 그 자체로만 이해할 뿐, 그 상징적 의미를 파악하지 못한다면 진정한 의미를 전혀 알 수 없는 경우도 있다.

같은 상징을 해석하는 데에도 사람들마다 전혀 다른 의미를 가질 수 있다. 가치관과 경험, 문화적 배경 등의 차이로 인해 상징에 대한 지각이 다르기 때문이다. 예컨대, 한겨울을 견디며 눈 속에서 가장 앞서 꽃을 피워내는 매화는 시류에 흔들리지 않고 지조와 절개를 지키는 선비 또는 군자의 상징으로서 동양의 유교권 국가들로부터 해석되어져 왔다. 그러나 이러 의미는 서양 사람들에게 생소할 것이다. 일본의 국화인 벚꽃은 한국과 중국에서서는 뼈아픈 과거사 때문에 심리적으로 저항을 받고 있는 꽃이다.

상징은 조직을 묶는 역할을 한다

상징은 사람들이 부여한 공통된 의미와 가치를 통해 사람들을 묶는다. 사람들은 그들을 대표하는 공통된 상징 아래 모두가 하나임을 느끼고 집단적인 일체감을 갖게 된다. 상징이 가지는 이러한 효과 때문에 현대정치는 상징주의가 지배하고 있다고도 말한다. 권력을 획득하거나 사람들에게 영향력을 행사하기 위한 수단으로 흔히 상징이 이용되고 있다.

사람들에게 공유된 상징은 특히 동질성이 명확하지 않고 모호할수록 더욱 절실하게 필요하다. 그 대표적인 예가 바로 미국이다. 유달리 미국에서 국기가 중요시되고 국가가 자주 연주되는 것은 다민족으로 구성된 국가인 만큼 이들을 하나로 묶는 통일된 상징이 필요하기 때문이다. 성조기의 탄생 배경도 독립전쟁 당시, 초대 대통령이었던 조지 워싱턴이 미국인을 단합시킬 상징이 필요했던 데에 있었다.

상징은 분열을 단결로 만들고, 집단의 이념과 방향을 끌고 가는 응집의 핵심 수단이다. 그리고 국민들은 그러한 상징에 그들 공동의 의미를 부여하고 따르면서 공동체의 일원이 되어간다.

영웅의 동상은 국민을 결속시키는 대표적인 상징 가운데 하나이다. 어느 나라에든 그 나라의 중심가에는 역사적 영웅의 동상들이 있다. 서울의 중심 세종로에도 이순신 장군의 동상이 있다. 위대한 인물의 동상은 나라 또는 도시의 상징물로 국민들에게 자부심과 용기를 주며 국민을 결속시키는 중요한 역할을 한다.

특히 혼란과 불확실한 상황에서 사람들에게 공감을 줄 수 있는 상징은 이들에게 올바른 방향을 제시하고 희망과 믿음을 준다.

상징은 물질적인 상징 외에도 의례와 의식, 은유, 일화, 영웅 등 다양한 형태로 나타난다. 어느 조직에서든 이들 상징은 조직 구성원들의 정체성을 강화시키고 가치관과 신념, 방향 등을 말해준다.

의례 및 의식

의례와 의식은 한 개인이 다른 사람에게 또는 한 조직이 외부에 대해 어떤 의미를 전달하는 매개체이다.

종교의 의례를 보자. 세례는 영혼의 죄를 물로 씻고 새로운 삶을 맞이하는 의미를 갖고 있다. 미사의례는 신자들이 그리스도와 일치되고 그리스도의 사랑을 실천하기 위한 것이다. 그리고 국기게양식이나 애국가 제창은 같은 공동체임을 확인하면서 국가에 대한 애국심을 고취시키기 위한 의례이다.

사람들은 의례를 통해 어떤 의미를 공유하고 싶어 한다. 흔히 어떤 사람이 집단에 새로 들어갈 때 부딪히는 것으로 '통과의례'라는 것이 있다. 통과의례는 당사자에게 대체로 곤혹스러운 과정이지만 그것이 주는 메시지는 "이곳의 문화에 적응하라"는 것이다. 그래서 이걸 거쳐야 비로소 그 집단의 일원으로 인정받게 된다.

은유

"I'm still hungry"

한국 축구 감독이었던 히딩크 감독이 월드컵에서 16강에 진출한 후 했던 말이다.

왜 엉뚱하게 배가 고프다고 했던 것일까? 승리에 대한 의지를 "배고프다"라는 은유로 표현했던 것이고, 이 말은 우리에게 강한 인상을 남겼다. 배고프다는 은유적 표현이 어떤 말보다 강렬하고 명쾌했던 것이다.

노드스트롬 백화점의 어느 경영자는 직원들에게 경쟁의 성격을 깨닫게 해주기 위해 다음과 같은 은유적 글을 붙여놓았다.

> 아프리카에서는 매일 아침 가젤*이 잠에서 깬다. 가젤은 가장 빠른 사자보다 더 빨리 달리지 않으면 죽는다는 사실을 알고 있다. 그래서 그는 자신의 온 힘을 다해 달린다. 아프리카에서는 매일 아침 사자가 잠에서 깬다. 사자는 가젤을 앞지르지 못하면 굶어 죽는다는 사실을 알고 있다. 그래서 그는 자신의 온 힘을 다해 달린다. 당신이 사자이든 가젤이든 마찬가지이다. 해가 떠오르면 달려야 한다.

얼마나 간결하며 멋진 은유인가? 경쟁이 치열하니 열심히 일해야 한다고 힘주어 말하는 것 보다 훨씬 설득력이 있어 보인다.

38세의 젊은 나이에 SAS 항공회사를 회생시킨 얀 칼슨(Jan Carlzon)은 '진실의 순간(Moment of Truth)'이라는 단어를 수사적으로 활용했다. 얀 칼슨이 제시한 공동과제는 고객 서비스였다. SAS가 만성적자에서 벗어나기 위해서는 고객 중심의 조직으로 거듭나야 한다고 믿었다. 그리고 고객 중심 조직의 상징은 직원과 고객이 만나는 그 순간이라고 생각했다.

그는 그 '진실의 순간'에 고객을 감동시켜야 한다고 주장했다. 그는 '진실의 순간'이 투우사와 소가 서로 노려보고 있는 순간이라

---

* 영양의 한 종류.

고 은유적으로 표현했다. 이는 직원과 고객이 만나는 그 찰나의 시간이 투우사와 소가 생사를 두고 노려보는 시간과 같다는 강렬한 메시지를 담고 있다.

일화

일화는 조직의 영웅이나 조직문화의 특성을 보여주는 행동에 대한 에피소드를 말한다. 조직은 구성원들에게 일화를 들려주면서 조직의 전통을 만들어내며 이를 영속화한다. 공유된 일화 속에 구성원들은 그들간의 동질감과 조직에 대한 자부심을 느낀다. 그래서 일화는 구성원들을 묶는 역할을 한다.

조직의 경우 일화의 내용들은 대개 창업자의 업적, 조직의 운명을 결정했던 중요한 결정, 최고경영자에 대한 이야기 등에 관한 것이다. 조직 내에 떠돌아다니는 전설, 무용담, 성공담 등도 일화에 해당된다.

일화는 우리를 인도한다. 조직의 일화는 조직의 가치나 규범이 무엇인지를 알려주며 위인에 대한 일화는 어떻게 사는 것이 성공적이며 올바른가에 대해 말해준다. 정주영 회장의 여러 가지 일화는 주로 불가능하게 보였던 일들을 성공적으로 추진했던 사례들이다. 이러한 일화는 현대그룹의 추진력, 불가능을 모르는 도전, 형식타파 문화를 계승하는 도구가 되고 있다.

사례 : 정주영 신화

1971년, 정주영 전 현대그룹 회장의 생전 일화 한 토막이다. 울산조선소를 구상하면서 그가 처음으로 기술자들에게 했던 말은 "쇠가 물에 뜨냐?"는 것이었다. 기술자들마저 어이없게 만들었던 이 말은 당시 우리나라 조선업의 현실을 단적으로 보여주는 것이기도 했다. 그러나 무슨 일이든 반드시 되게 하는 정주영에게 이것이 장애물이 될 수는 없었다.

현대조선소 설립 당시 가장 큰 문제는 돈이었다. 정주영은 1971년 9월 영국 버클레이 은행으로부터 차관을 얻기 위해 런던으로 날아가 A&P 애플도어의 롱바톰 회장을 만났다. 조선소 설립 경험도 없고, 선주도 나타나지 않은 상황에서 영국은행의 대답은 간단히 "NO"였다. 정주영은 그때 바지주머니에서 5백원짜리 지폐를 꺼내 펴 보였다. "이 돈을 보시오. 이것이 거북선이오. 우리는 영국보다 300년 전인 1천 5백년 대에 이미 철갑선을 만들었소. 단지 쇄국정책으로 산업화가 늦었을 뿐, 그 잠재력은 그대로 갖고 있소."라는 재치 있는 임기응변으로 롱바톰 회장을 감동시켜 해외 차관에 대한 합의를 얻었다.

그런데 더 큰 문제는 선주를 찾는 일이 남아 있었다. 그때 정주영의 손에는 황량한 바닷가에 소나무 몇 그루와 초가집 몇 채가 선 초라한 백사장을 찍은 사진이 전부였다. 정주영은 봉이 정선달이 되어 황량한 바닷가에 소나무 몇 그루와 초가집 몇 채가 선 미포만의 초라한 백사장 사진 한 장을 쥐고 미친 듯이 배를 팔러 다녔다. 그런데 놀랍게도, 결국 계약 한 건을 성사시

켰다. 그리스 선박왕 리바노스였다. "정주영의 인상을 보니 믿을 수 있을 것 같아서"라는 비합리적인 이유로, 그는 계약서에 서명했고, 현대조선소는 조선소 건립과 동시에 2척의 배를 진수시킨 세계 조선사에 유일한 기록으로 남게 되었다. 이렇게 정주영의 개척정신과 적극적인 추진력으로 이루어낸 현대조선소는 현재 세계 최대 규모의 중공업회사로 성장했다.

(자료 : 권영욱, 『결단은 칼처럼 행동은 화살처럼』, 아라크네, 2006, 75쪽)

영웅

가치가 문화의 영혼이라면 영웅은 그러한 가치를 형상화한 것이다. 영웅은 사람들이 따라야 할 역할 모델을 보여준다. 영웅은 모든 사람들이 바라지만 쉽게 시도하기 어려운 일들을 해낸 사람들이다. 영웅의 행동은 상징적인 모습으로서, 평범한 것과 거리가 있지만 그렇다고 불가능 한 것도 아니다. 그들은 성공이라는 것은 인간의 능력에 있다는 사실을 드라마틱하게 보여준다.

일제 강점기시절, 그 암울했던 시기에 한국민들은 열등의식과 좌절감에 빠져있었다. 이때, 독립운동가들은 역사의 영웅들을 후세들에게 전하기 위해 조선 위인전기를 만들었다. 그리고 이러한 위인전은 실의에 빠져있는 국민들에게 민족에 대한 자부심과 의지를 불러일으키는 데에 커다란 역할을 하였다.

조직문화

조직을 좀 더 자세히 둘러보면, 그곳엔 무의미속에 의미가 있다. 물고기가 물을 의식하지 못하듯 우리가 당연하게 생각하는 것들 속에는 우리의 행동을 지배하는 일정한 패턴이 있다. 바로 문화다.

우리는 모두 사회적 동물이다. 우리는 소속감과 의미를 원한다. 여러 가지 경험과 시행착오 등을 통해 우리는 일을 처리하는 수용된 방식으로서 문화를 창조한다. 시간이 지나감에 따라 우리의 존재, 우리가 가치를 부여하는 것, 우리가 생각하는 방식, 우리가 일을 하는 방식 등을 서서히 형성해가면서 문화를 축적한다. 우리의 가치관과 믿음을 강화하기 위해 영웅을 내세우기도 한다.

문화는 말로 공유하기 어려운 것이어서 의례나 의식을 통해 서로 유대관계를 맺고 애착을 가질 수 있는 기회를 갖는다. 그런 기회를 통해 문화는 사람과 조직을 한데 묶는 상징적 접착제를 제공한다.

조직문화란 조직구성원들 간에 공유되는 가치 체계를 말한다. 즉, 조직구성원들이 공통적으로 가지는 가치, 믿음, 사고방식이다. 사람은 가치관과 사고방식에 따라 전혀 다른 성격을 가지고 있다. 조직의 경우도 마찬가지다. 조직구성원의 공유가치가 무엇이냐에 따라 조직은 전혀 다른 성격을 가지며 구성원들의 태도와 행동도 다르다.

조직문화는 조직의 정신적 배경과 같아서 크게 두 가지 면에서 조직 전체에 커다란 영향을 미친다.

첫째, 조직문화는 구성원들에게 정체성 내지 일체감을 느끼게 해준다. 누구나 자신과 비슷한 가치나 규범을 가지고 있는 사람에게 친밀감과 동질감을 느끼게 마련이다. 조직문화도 마찬가지이다. 같은 가치와 규범, 상징을 가지고 공동의 조직 생활을 하게 되면 이들간에는 일체감이 형성된다.

아마도 가장 강한 일체감을 갖는 조직은 해병대가 아닐까싶다. 복무중일 때는 물론 제대 후에도 "한번 해병이면 영원한 해병"이라는 의식을 가지고 그들간의 강한 동질감을 표현하고 있다. 이러한 일체감은 조직에 대한 충성심을 높이고 목표 달성을 보다 수월하게 해줄 것이다.

둘째, 조직문화는 조직구성원들의 행동과 규범에 표준을 제공한다. 구성원들은 조직의 가치와 규범을 내면화하게 되고, 이는 이들이 주어진 상황에서 어떻게 행동해야 하는지를 알려준다. 즉, 일일이 "이렇게 해야 한다" 또는 "저렇게 행동하면 안 된다"고 말하지 않아도 조직문화가 바람직한 태도와 행동이 무엇인지, 주어진 상황에서 어떻게 대처해야 하는지에 대해 가르쳐준다. 조직문화가 행동의 가이드 역할을 하는 것이다.

생각과 가치관이 분명한 사람은 어떤 상황에 처해있을 때, 어떻게 행동해야 하는지에 대해 주저함이 없다. 조직문화도 마찬가지이다. 강한 조직문화를 가지고 있는 조직의 구성원들은 그들이 어떻게 행동해야 하는지 알고 있다. 그들이 마음속에 늘 간직하고 있는 상징들이 그들의 생각과 행동을 이끌어주며 무엇이 중요한지를 알려준다.

핵심 point!

조직문화를 이해한다는 것은 조직구성원들이 공유하고 있는 신념과 가치, 관습과 규범 등을 이해하고 적응해가는 것을 의미한다.

실습

상징 만들기

나(또는 소속 조직)에게 힘을 주고 새 출발을 도와주는 상징들을 생각해보고 활용해보자.

(예 : 멋진 은유, 구호, 의례 및 의식, 모델로 삼고 싶은 영웅, 힘을 주는 일화 등)

에필로그

수업시간에 어떤 심리학 실험에 관한 동영상을 보여주었다. 눈을 가린 아이들이 엄마가 들고 있는 바구니 안에 공을 넣는 게임이었다. 공을 못 넣었을 때도 "옳지", "잘한다"를 연발하며 긍정적인 반응을 보이는 엄마들의 아이들은 "아니, 그렇게 하면 안 돼" 식의 계속 부정적인 반응을 보이는 엄마들의 아이들보다 실제로도 성공률이 높게 나왔다. 이 동영상을 당신이 보았다면 무엇을 느낄까?

물론 초점은 긍정적 언어의 힘이다. 긍정적인 말을 하면 실제로도 성공 가능성이 높아진다는 메시지를 던지는 실험이다. 그런데 어느 학생이 그 동영상을 보고 자신의 부모는 후자에 속하고 그런 부모 밑에서 자랐다는 생각에 우울해졌다고 한다. 그 동영상이 주는 메시지가 아닌, 자기 부모의 부정적 측면에 초점을 맞춘 것이다.

같은 것을 보거나 같은 상황에 놓여도 무엇에 초점을 맞추며 어떤 결론을 내리느냐는 사람에 따라 다르다. 긍정적인 면에 초점을 맞추는 사람이 있고 부정적인 측면에 초점을 맞추는 사람도 있다. 잘 될 수 있는 이유를 생각하는 사람이 있고 안 되는 이유를 생각하는 사람이 있다. 안 되는 이유를 생각하는 사람은 그 상황의 문제점이나 장애물에 초점을 맞추며 "~ 때문에 어렵겠는데…"라는 부정적인 결론을 내린다.

잘 될 수 있는 이유를 생각하는 사람은 그 상황이 주는 기회요인과 '될 수 있는 가능성'에 초점을 맞춘다. 이런 사람이 즐겨하는 말은 "이것만 해결하면 되지 않을까?"이다. 정주영회장이 대표적이다. 부하 직원이 정주영 회장에게 "이 일은 어렵겠습니다" 하고 그 이유를 하나씩 나열했더니, "안 되는 이유만 열심히 연구했어?"하면서 질책했다고 한다.

정 회장이 즐겨 쓰던 말은 "해봤어?"였다. 해보지 않고 안 된다고 말하지 말라는 것이다. 그의 성공비결은 바로 세상을 주도적으로 바라보는 관점일 것이다. 긍정적인 면에 초점을 맞추니 긍정적인 방향으로 생각과 몸이 움직였을 것이다.

예전에 어떤 보험회사에서 다섯 명의 상무들로 구성된 학습팀의 러닝코치를 맡은 적이 있다. 그들이 수행한 과제를 사장에게 보고하기 1주일 전, 이들은 수차례의 수정보완을 했다면서 최종 보고서를 내게 보여주었다. 난 발표를 맡은 한 사람에게 발표를 하도록 하고 나머지 네 명에게, 자신이 사장이라면 발표 내용에 대해 어떤 의견을 던지겠는지 종이에 써보라고 했다. 그랬더니 이들은 보고서가 놓친 핵심 사안들을 날카롭게 지적하는 게 아닌가? 어찌된 일일까? 여러 번 수정과 보완을 했다고 했지만 그건 자신들의 관점에서 나온 보고서였다. "내가 사장이라면?"하고 입장을 바꿔 생각해보니까 사장의 관점에서 바라볼 수 있었던 것이다.

다른 사람이 시키는 대로만 일하고 다른 사람이 보는 방식대로만 본다면 더 좋은 모습으로 변화할 수 없다. 보다 주도적인 생각과 행동이 필요하다. 내 자신의 관점에만 머무르지 않고 다른 관점으로 바라보려고 하고, 남들이 문제라고 하는 점을 기회로 생각하고 행동할 때 내 삶의 주인이 될 수 있을 것이다.

주도적인 삶과 새로운 생각의 틀을 위해서는 새로운 언어가 요구된다. 다르게 말해야 다르게 생각할 수 있다. "코끼리를 생각하지 마"라는 말을 들으면 우리는 그 요구와는 반대로, 오히려 조금 전까지 생각지 않았던 코끼리를 떠올리게 된다.

이처럼 우리는 말하는 단어의 방향대로 생각하게 된다. 긍정의 눈으로 세상과 자신을 바라보고 긍정의 언어를 자주 사용하면 실제로도 그렇게 이루어질 것이다.

행동의 변화가 일어나려면 감정의 변화가 먼저 일어나야 한다고 하지만 그 반대도 가능하다. 행동의 변화가 감정의 변화를 이끌고 온갖 어려움을 극복하고 헤쳐 나가게 한다.

세상은 우리가 생각하는 대로 존재한다. 내일의 나는 자기 자신을 어떤 눈으로 보고, 어떤 말을 자주 하며, 세상을 어떤 방식으로 보느냐에 따라 결정될 것이다. 내가 속한 조직에서 노예로 지내느냐 아니면 주인으로 지내느냐는 높은 분에게 달려있지 않다. 자신을 조직에서 어떤 존재로 바라보느냐에 전적으로 달려있다. 그 선택은 순전히 내 자신의 몫이다.

액션러닝으로 배우는

성공적인 조직생활 전략

저　자 고수일
펴낸이 이남호
펴낸곳 소리내

초판 1쇄 인쇄 2015년 3월 6일
초판 1쇄 발행 2015년 3월 10일

소리내 전라북도 전주시 완산구 어진길 32 (풍남동2가)
내용 및 구입문의 063) 219-5321~2
팩　스 063) 219-5323

출판등록 2012년 8월 20일 제465-2012-000021호

* 소리내는 전북대학교 출판문화원의 브랜드 네임입니다.

값 15,000원

ISBN 978-89-98534-52-3 03320

이 도서의 국립중앙도서관 출판시도서목록(CIP)은 서지정보유통지원시스템 홈페이지(http://seoji.nl.go.kr)와 국가자료공동목록시스템(http://www.nl.go.kr/kolisnet)에서 이용하실 수 있습니다.(CIP제어번호: CIP2015006027)